小学语文课堂教学艺术

赵 霞 著

中国出版集团
现代出版社

图书在版编目(CIP)数据

小学语文课堂教学艺术／赵霞著. —— 北京：现代出版社，2018.12

ISBN 978-7-5143-7593-0

Ⅰ.①小… Ⅱ.①赵… Ⅲ.①小学语文课-课堂教学-教学研究 Ⅳ.①G623.202

中国版本图书馆 CIP 数据核字(2018)第 290231 号

小学语文课堂教学艺术

作　　者	赵　霞	
责任编辑	张桂玲	
出版发行	**现代出版社**	
地　　址	北京市朝阳区安外安华里 504 号	
邮　　编	100011	
电　　话	010-64267325　64245264(传真)	
网　　址	www.1980xd.com	
电子邮箱	xiandai@ vip.sina.com	
经　　销	全国新华书店	
印　　刷	北京市天河印刷厂	
版　　次	2020 年 1 月第 1 版　　2020 年 1 月第 1 次印刷	
开　　本	880 mm×1230 mm　　1/32	
印　　张	3.75	
字　　数	110 千字	
书　　号	ISBN 978-7-5143-7593-0	
定　　价	29.80 元	

目　录

第一章　小学语文教学设计概述

第一节　教学设计

一、设计

1. 设计行为的所涉对象：自我设计、对象性设计和互动设计

设计行为广泛存在于人类活动之中：载人航天、基因工程、艺术活动、建筑活动、网络活动、整容手术、沙漠治理工程、高能对撞机、城市发展、人类迁徙活动、社会变革、课程改革、教学改革等。从自然到社会，大到宇宙，小到基本粒子，人类的设计活动取得了骄人的业绩。当然也不乏失败的案例，如切尔诺贝利事件、福岛核电站事件、"七二三"动车事件、校车事件等。

稍加梳理可以发现，上述设计行为的所涉对象可相对分为三类：一类是人类自身，如艺术活动、整容手术、教学活动等；另一类是自然界，如沙漠治理工程、高能对撞机等；还有一类是人、社会和自然的互动，如人类迁徙活动、建筑活动等。严格地说，所有设计行为都与人有关，如沙漠治理工程设计的对象是沙漠，沙漠治理工程的设计与实施是由人来完成的，重要的是，沙漠化的过程本身就与人类活动相关。这些设计行为中，最困难的是对人类自身活动的设计。教学设计活动兼涉自我设计、对象性设计和互动设计。从教师的角度看，教学自我设计主要考虑自己如何教、教什么；教学对象性设计主要考虑学生应如何学、学什么；教学互动设计则主要考虑学与教、学与学如何相互适应的问题。

2.设计行为的过程：事先设计、事中设计和事后设计

囿于常识，人们把设计仅仅看作事先的设想和计划行为，是在正式做某项工作之前，根据一定的目的要求，预先制定方法、图样等行为。

仅从对象的视角认识设计行为，是有局限的，是静态、淤滞和刻板的思维方式。设计行为是人类自觉性活动的一个环节，其本身是一个过程。人类自觉性活动包括设计行为、实施行为和反思行为，三者之间存在着互动关系，设计行为可以存在于事先、事中和事后。从设计行为本身的过程看，设计是为创造某种具有实际效用的新事物而进行的探究过程，这种探究能力是可以加以训练的。它包括对一个不完善的情境的探索，发现并解决一个或几个问题，详细说明导致有效变化的途径。由此，设计可视为一种系统、持续的探究、发现和反思的活动，设计的这种特性突出体现在教学活动等复杂的人类活动之中。

比如，人类的教学活动，事先有预案，事中有调整，事后有反思，调整和反思的结果可以形成新的预案。又如，克隆技术，从技术进展上看，人类已经完全可以进行自体的无性繁殖，但是，出于本能的恐惧和伦理的担忧，绝大多数国家开始有意识地诱导克隆技术的发展。临床医学已经把克隆技术成功地用于器官移植、修复手术，这当然是一种有利的调整。再如，载人航天工程可谓设计周密，飞船上天之后，遇到异常情况，地面系统依然要对相关参数作相应的调整。

事先设计又称预设性设计，事中设计又称生成性设计，事后设计又称反思性设计。预设性设计是结果性设计，事中设计和事后设计是过程性设计。教学设计活动是结果性设计和过程性设计的综合，强调设计的预设、生成、反思。

3.设计行为的情境：境遇性设计和去情境设计

人类活动总是存在于特定的情境之中。从传播学的角度看，人类活动是情境系统与本体系统的信息交流，情境系统可分为外部情境系统和内部情境系统。外部情境系统是指本体系统的相关因素构成，如课堂教

学存在于特定学校,教师教学与学校文化存在着信息互动,不同学校的教学各有特色,这种特色反映了不同学校的文化差异。内部情境系统是由与子系统相关的其他子系统构成的,如课堂教学系统中,教师是子系统,教材、学生、教学设施等是与教师相关的子系统,教师系统与教材、学生、教学设施系统存在着信息互动,这些子系统会影响教师的教学行为。从传播学的角度看,基于特定目的,设计是对于情境与系统的信息交流的调控行为,设计可分为境遇性设计和去情境设计。

境遇性教学设计也称生成性教学设计,基于教学情境的预设、生成、反思,教学情境比较复杂。从教学时空看,教学存在于特定的社区、学校、课堂的现实与虚拟情境中。从教学文化背景看,教学存在于特定的思想、制度、技术情境中。从教学的参与者看,教学存在于特定的人际情境中,学生、教师、同事、领导、家长、专家、媒体、社会人士都不同程度地参与到我们的教学中来。在人际情境里,教师尤其要学会与学生打交道。从教学资源背景看,教学存在于特定的资源环境中,教师的处境是复杂的,教师要学会与各种资源打交道。教学设计要考虑到外部情境和内部情境的特点和需求。

去情境教学设计也称预设性教学设计,是指按照教科书知识及相关资源的逻辑,不考虑教学情境的需求,所进行的专家设计。其作用是为一线教师和学生提供指令性、建议性和支撑性的教学方案,它与教学情境需要进行互动磨合,才能有效介入教学过程。

4. 设计行为的意图:有为设计和无为设计

从能量耗散看,系统可以分为有序系统和无序系统,设计旨在促进情境和系统的有序性。设计行为可视为一种扰动。基于设计与系统的关系,系统目的的意识程度是不同的,据此,系统可以分为自发系统与自觉系统。自发系统与自觉系统均具有自组织行为,如教学行为习惯可视为一种自组织行为,教学习惯本身就涵摄着意识程度低的行为倾向即行为目的。自发系统即自组织行为系统,是目的的意识程度低,没有人为扰动、自然生成的系统。自觉系统涵摄了刻意设计行为,是自觉利用情境对系统实施的有目的的扰动。扰动对系统可以是建设性和破坏性的,有利的和有害的。值得注意的是,建设性的扰动可能是有害的——"表扬"可能使人骄傲,而破坏性的扰动可能是有利的——"忽视"可以减少学生不当行为的出现频率。

就系统的自组织行为而言,设计行为可分为有为设计和无为设计。有为设计是自觉利用情境对系统的自组织行为和自觉行为实施的有目的的扰动。无为设计就是协调情境对系统的扰动,由系统内在的自组织行为自主达成其目的。

教学是人类自我传承、反思和创新的非常复杂的活动,有为设计和无为设计须兼而有之。所谓教学的有为设计是指,基于结构不良的课程资源,为了完成控制性学习任务,教师为帮助学生学习而刻意进行的教学系统安排。教学的无为设计是指,基于结构良好的课程资源,为了完成自动化学习任务,教学设计尽量遵循学生学习的自身规律,不过多地干预,而是通过学生的自主学习,达成学习目标。

从设计哲学的角度看,由于变化发生得太快,以至于社会系统处于疲于应付的境地。这一点,在疫苗设计与研制领域尤其突出,而在教学领域,则表现为专家方案与一线教师之间的艰难磨合,教学设计理性与教学实践艺术的冲突调适。教学设计须适时建构生态设计理念,自觉追求互动设计、过程性设计、境遇性设计和无为设计有机结合。

二、教学设计

加涅认为,教学系统是对资源和步骤做出安排以促进学习的过程,因此"对用以促进学习的资源和步骤的安排"就是教学设计。

肯普认为,教学设计就是运用系统方法分析研究教学过程中相互联系的各部分的问题和需求,在连续模式中确立解决它们的方法与步骤,然后评价教学成果的系统计划过程。

狄克与凯瑞指出,"教学设计"一词包括教学系统开发过程的所有阶段(分析、设计、开发、实施和评价),"设计"一词既指整个过程,也指其一个主要的子过程。它是一套帮助教师系统化的准备教学、对教学系统做出决策的方法。

史密斯和雷根认为,教学设计是"把学习与教学的原理转换成教学材料、活动、信息资源和评价方案的系统化和反思性的过程"。

乌美娜下的定义是:"教学设计作为一个系统计划的过程,是应用系统方法研究、探索教学系统中各个要素之间的关系,并通过一套具体的操作程序来协调配置,使各要素有机结合以完成教学系统的功能。"

何克抗认为:"教学设计是运用系统方法,将学习理论与教学理论的原理转换成对教学目标(或教学目的)、教学条件、教学方法、教学评价等教学环节进行具体计划的系统化过程。"

综上所述,教学设计是教师的基本专业技能,教学设计水平直接影响学与教的质量。教学设计(instructional design, ID)也称教学系统设计(instructional system design, ISD),是以传播理论、系统论等多学科理论为基础,运用学习理论和教学理论的观点和方法,基于特定的教学情境,预设和生成教学目的、教学资源、教学活动方案的过程。

三、教学设计的层次与类型

1. 简单设计与复杂设计

从教学设计与学生学习的混沌性、复杂性的关系来看,教学系统可以是自发系统,也可以是自觉系统;可以是简单的,也可以是复杂的。依据教学任务、内容和程序的复杂性,简单教学系统是指教学时间短、教学任务单一、教学内容明确、教学活动单一、教学结果确定的系统。复杂教学系统则是指长程教学、教学任务综合、教学内容混沌、教学活动复杂、教学结果不确定的系统。

简单的自发教学系统无须设计,教学活动会自发地倾向于内生的教学目的,简单教学系统是由习惯化的学习行为构成的,习惯化的学习行为就是意识程度低的前后相继的动力定型。复杂的自觉教学系统是需要设计的,系统会自觉地调控教学行为以实现外生的教学目的。复杂教学系统是由结构精致的教学事件所构成的,教学事件是与制度化、理性化和技术化相互关联的教学行为系统。

如果考虑到教师的专业成长,对于新教师而言,简单教学系统也是需要细致设计的;对于专家型教师而言,复杂教学系统是可加以简略设计的。

2. 情境直觉设计与系统理性设计

从教学设计的演进历程看,教学设计可以分为艺术设计、专家程序、问题解决、人本化设计、理性化设计、艺术创造。其中艺术设计、艺术创造属于情境直觉设计,主要依赖教学经验和常识,可以形成个人性、情境性很强的教学套路和程式,其合理性、可行性在反复的一线教学实践中才能得到验证。专家程序、问题解决、理性化设计则属于系统理性设计,这种设计能力需要经过系统的理论学习和实践模拟才得以形成。人本化设计则兼有情境直觉设计与系统理性设计的属性,是教学艺术向理性升华、教学理性直观为教学艺术的结果。

从教师的专业成长过程看,新教师需要借助专家系统设计教学;老教师可以熟练运用专家资源,系统应对教学问题;专家型教师基于已有的教学智慧,综合运用教学直觉与教学常识,可以动态生成教学方案。

3. 宏观、中观、微观的教学设计

从对象与目的看,教学设计有宏观、中观和微观之分。无论是宏观、中观还是微观的教学设计,一般都包括目标、内容、结构、课时、方法、媒体、场所、人员、测验等组成部分。

宏观教学设计指的是把课程设置计划(总体规划及各门具体课程计划)、课堂教学过程、媒体教学材料看作教学系统的不同内容层次所进行的系统设计,宏观教学设计的成果表现为课程计划、课程标准和教学模式。宏观教学设计的依据是教育目的,同时还须观照专业和学段的培养目标。

中观教学设计就是指对某一门课程或某一项培训的设计,中观设计的成果表现为教科书、相关教学资源和教学建议。中观教学设计的依据是课程计划、课程标准,同时还须观照特定课程内容和学生群体的特点。

微观教学设计是就单课或某一教学单元这些较小教学系统的设计。微观教学设计的结果是教案和课件。微观教学设计的依据是教科书、相关教学资源和教学建议,同时还须观照特定课文和学生个体的特点。

对于微观教学设计来说,宏观、中观教学设计是一种理念、制度、技术和资源背景;宏观、中观教学设计的成果需要通过微观教学设计才能有效介入学校课堂教学。宏观、中观教学设计充分、合理、合情,结构良好,微观教学设计的效能可以得到极大提升。

第二节　小学语文教学设计的价值取向

一、何谓小学语文教学设计

本教程中,我们聚焦于微观层面的小学语文教学设计,努力吸纳宏观、中观教学设计资源。

小学语文教学设计是指这样一个过程:在课堂教学情境中,师生围绕既定的教学内容,在课堂层面,生成教学目标,整合教学内容,有序安排教学事件,反思与调整教学进程,形成可行性的教学活动方案。

从学生行为看,在小学语文教学设计中,作为学习主体和教学的参与者,学生可以充分表达自己的学习意愿和需求,充分展示自己对教学内容的积累和理解,从而积极影响教学事件的进程。

从教师行为看,小学语文教学设计是指这样一个过程:教师基于自己的教学经验和理念,为达成一定的教学目标,依据学生特征,运筹课程资源,对教学活动进程中各要素的研判,为学生创设一定的情境,制订适合学与教的活动计划,以指导学习活动的顺利实施。

小学语文教学设计的理论和实践表明,教师特别需要切合特定学生群体和个体、特定教学内容和特定学习情境的教学建议,宏大、空洞、抽象、居高临下、孤芳自赏、缺乏实践关怀的教学设计理论不受一线教师欢迎。

二、小学语文教学设计的价值取向

1. 为促进学生的学习而设计教学活动

(1)作为教师,应该深刻意识到:①学习是意图性很强的活动;②学习是学习者的主动建构活动;③学习是意义丰富的活动;④学习是真实性、反思性和静脉性的活动;⑤学习是与环境资源的给养互惠,是协作性活动,即"对话"。

(2)小学语文教学设计需要解决以下五个方面的基本问题:①希望学习者真正学到什么? ②如何激发学习者的兴趣和动机? ③如何使学习者认识到教学的价值及其与生活的关联性? ④如何让学习者运用自己的知识去解决真实场景中的问题? ⑤学习环境中是否提供了足够的信息、指导和支撑?

2. 教师是小学语文教学设计的首席专家,学科专家为教师的设计活动提供支撑

(1)教师是小学语文教学设计的首席专家

促进学生对学科知识意义的建构,要求设计者必须具备相应的学科教学以及关于学习者的专门知识,因此学科教师是最合适的人选。学科教师主要承担学科课程知识内容及结构的设计、对学生的分析和设计方案的实施与评价。但若要使学科教师胜任一名设计者的工作,还需要一段成长过程,他们要不断地吸收先进的学习理论、设计理论与技术,并将这些理论与技术跟自己的实践知识相结合,转化为可以共享和迁移的设计知识。

小学语文教学设计是教师团队的协作行为,在教研活动中,教师个

人可以分享团队成员的设计成果。

教师应该且可以积极引导学生参与小学语文教学设计的过程,学生完全有权表达自己对教学的愿望、需求和建议,学生与教师的积极互动可以使设计方案趋于完善。

（2）学科专家为教师的设计活动提供支撑

这里的学科专家主要包括小学语文教研员、小学语文教材编辑和高校小学语文教学论教师。学科专家在与学科教师的互动中,主要进行理论探究和开发指导,提供学习活动策略,并对各种资源设计进行整合与协调,等等。

3. 注重学习情境的特质

任何教学活动都是发生在特定的学习情境之中,现代教学的社会情境、技术情境和文化心理情境处在急速变迁之中,设计学习情境是小学语文教学设计的主要工作之一。小学的教学活动,教师设计的学习情境应具有如下特质:①提供对现实的多元表征;②避免过分简化的教学,应表现真实世界的本质复杂性;③重视知识的建构,而不是知识的复制;④呈现真实性的任务,亦即提倡情境化的教学,而不是抽象化的教学;⑤提供真实世界的、基于案例的学习情境,而不是预先决定的教学顺序;⑥重视培养学习者的反思性实践;⑦重视情境和内容特定的知识建构活动;⑧强调通过社会协商的方式支持协作性的知识建构,而不是竞争的方式。

小学语文教学的内容是以抽象的文字呈现的,小学儿童的思维方式却是具体形象的,因此,小学语文教学设计尤其要注重学习情境的设计。

4. 把握小学语文学习内容的特质

在本教程中,我们倾向于关注不同知识的学科特质,即艺术知识、体育知识、自然科学知识、人文科学知识、社会科学知识各自的特质。按照知识逻辑结构,艺术知识、体育知识、自然科学知识属于结构良好的知识,人文科学知识、社会科学知识属于结构不良的知识。结构良好的知识,其课程结构易于进行线性预设;结构不良的知识,其课程结构不易进行线性排列,而须进行非线性、网状设计,且较多依赖于课堂生成。就知识的学习类别而言,艺术知识、体育知识属感觉性知识,自然科学知识属科学理性知识,而人文科学知识、社会科学知识属感悟性知识。由于知识的学科特质不同,教学活动的知识展开过程就各有特色。艺术知识、体育知识主要依靠感觉经验的积累、内化、整合和提升,适宜采取感觉动作思维的学习方式。自然科学知识则遵循知识的内在逻辑关系渐次进行概念的体系化,基于问题情境的模块化,适宜采取定程性思维的学习方式,学习过程循序渐进,拾级而上。人文科学知识、社会科学知识则要随着个人生活的展开,经历概念的混沌与分化、冲突与融合、外化与内化、冷峻与人格化,基于不同的问题情境和人生际遇,对相关概念系统,人们会不断进行梳理、建模、综合融通。人文科学知识、社会科学知识,适宜采取非定程性思维的学习方式,学习过程复叠蕴含,渐修顿悟。

小学语文学习内容属于结构不良的综合性人文科学的范畴,具有感悟性知识的属性,且承载着重要的民族精神和价值诉求。小学儿童需要经历概念的冲突、重建、逐渐分化,通过基于问题情境的梳理、建模,逐步达到统合。我国现行的语文教科书采取文选式,以内容主题为显性组元线索,语文知识逻辑是隐性组元线索,呈网状分布。这种学科属性、语文教科书编写体例,加上语文学习内容的价值诉求,使得语文学习内容极其不确定,所谓清清楚楚一课文,模模糊糊一大片。如何确定一篇课文或一个单元的学习内容,一直是困扰一线教师尤其是青年教师的难题。

5.小学语文教学设计的预设与生成

(1)小学语文教学设计的预设

任何教学都涵摄有预设的意味。王鉴认为,预设性教学是遵循一定的教学规律,有目的、有计划地设计教学活动的目标、内容、方法与手段、组织形式等,进而提高教学活动效率的一种教学活动。预设性教学的实质即为追求教学活动的科学性,使教学活动按其内在的规律来进行。

①强调"设计与安排"的教学。预设性教学就是教师在课前对教学目的、任务和过程的清晰、理性思考和安排的教学。预设表现在课前,指的是教师对课堂教学的规划、设计、假设、安排,从这个角度说,它是备课的重要组成部分,预设可以体现在教案中,也可以不体现在教案中;预设表现在课堂上,指的是师生教学活动按照教师课前的设计和安排展开,课堂教学活动按计划有序地进行;预设表现在结果上,指的是学生获得了预设性的发展,或者说教师完成了预先设计的教学方案。

②强调"规律和规则"的教学。预成性思维视域下的教学形态表现为"规律性教学",它是一种强调规律(包括本质)和规则(包括规定、原则等)的教学形态,教学中的所有行为都是由教学本质和教学规律事先规定好了的,基本假设使教学过程受客观规律和规则的制约,好的教学是遵循规律的结果,不良教学是违背规律的结果。教学过程是教学规律的体现或教学方案的忠实展现。

③强调"系统设计"的教学。预设教学就是教师围绕教学目标,在系统钻研教材内容和认真分析学生知、情、意等实际情况,以及对以往相关教学行为结果进行深刻反思的基础上对教学过程的系统设计。

④强调"教学常规"的教学。从教学管理的角度出发,认为学校教学工作的基本规范不仅是实现制度化的保证,是维持正常教学秩序提高教育教学质量的重要举措,而且也是考核教师的重要依据。

⑤强调"目标引导"的教学。教学活动是有目的、有计划、有组织的讲究效率的师生互动,而不是无既定目标,无确定教学内容和教学计划,师生可以随意发挥的自由论坛。

(2)小学语文教学设计的生成

教学过程中的生成显然是大家关注的焦点。罗祖兵认为,生成性教学可理解为,教师在教学过程中以真诚的态度和为学生发展服务的心向,与学生就相关课题进行平等对话,并根据自己对学生的课堂行为表现、感受、兴趣与需要等做出的及时价值判断对教学行为与思路进行机智性调整,以使教学对话深入持久地进行下去的教学形态。概而言之,它是一种教师根据课堂中的互动状态及时调整教学思路和教学行为的教学形态。生成性教学是一种需要规则但在适当的时候又敢于放弃规则的教学;是一种遵循规律但又不局限于规律的教学;是一种关注学生也关注教师的教学。其主旨在于通过充分发挥教师在教学过程中的能动性、创造性,让学生获得生动活泼的个性发展,它具有非线性、具体性、多元性、差异性、互动性、凸显性和创造性等特征。生成性教学的基本理念可以概括为:关注表现性目标,关注具体的教学过程,关注教学事件,关注互动性的教学方法,关注教学过程的附加价值。

(3)小学语文教学设计的预设与生成的统一

课堂教学是有规律的,有效的课堂教学来自教师的精心预设;课堂教学又是动态的,充满了诸多不确定的因素。有效的教学不能仅仅依靠预设,还要充分利用随机生成的教育时机和教育资源,即有效的教学必定是预设与生成的辩证统一。离开了预设,生成就如无线的风筝;没有了生成,课堂便是一片平静的湖水。因此,课堂因预设而高效,因生成而升华,把握好预设和生成的关系是一种智慧,更是一种艺术。

第三节　　小学语文教学设计的类型

一、迎接新理念的挑战

20世纪已经成为过去,但某些陈腐的教育理念仍顽固地盘桓于许多教师的教学实践之中。其内核可以用两个字来概括:控制。以控制为内核的教育理念强调了教师对于教学过程的控制,追求所谓的教学效率。在基于控制的教育实践中,教师扮演着社会代表者和权威的角色,而学生则成为价值承载者和受众。这种基于控制的"有效教学"一度成为教育时尚。这种教育理念与素质教育的基本精神是相悖的,应予以深刻的反思。

21世纪素质教育的理念也可以用两个字去概括:创新。创新是以教师与学生的身心的充分自由发展为前提的,因此,我国把"全面推行素质教育"作为中国参与世界竞争的战略性决策,是完全符合人类寻求自由发展和社会进步的历史潮流的。

但是,由于教育习惯和经验的影响、学生学习权利的蒙蔽以及旧的教育体制和技术的钳制,使部分教师难以在短时间内理解这个战略完整而深刻的意义,这无疑会给素质教育的顺利推进造成阻力。

所以,在21世纪的基础教育课程与教学改革的过程中,教师、学生与其他教育工作者首先应该自觉地迎接新教育理念的挑战。

二、异质多元语文教学设计

(1)根据教学目标的特性,我们可以把语文教学设计分为以行为控制、认知发展和人格形成为取向的三种教学设计模式。在教学实践中,行为控制、认知发展和人格形成是教学过程中一个不可分割的部分。但是,认知发展的某些高级层面(如创造性思维、元认知策略)和人格形成,往往在教学设计中被有意无意地轻视和忽视了,所以,在进行教学设计时,教师应着眼于人的全面和谐发展统筹考虑。

(2)根据课程的内容维度,语文教学设计包括语文学科教学设计和语文综合性学习设计两个方面。语文学科教学设计是围绕语文学科知识、技能的训练对教学进程的预先筹划。语文综合性学习设计则主要包括语文研究性学习、语文社区服务和语文社会实践等。

(3)根据时间维度,语文教学设计可分为短程教学设计和长程教学设计。短程教学设计主要由教师个人负责,是在教学之前对所教教材的单元和课文的一种预先筹划。而长程教学设计是指年段、学年和学期教学设计,这种设计在我国现阶段主要是由课程专家和教师团体来完成的,属于课程设计和实施范畴。

(4)根据教师参与设计的程度,我们把语文教学设计分为忠实执行类、相互调适类和参与创制类。现阶段,教学设计主要为取忠实执行类,这种模式有助于课程计划、课程标准忠实地贯彻。但随着课程和教学制度改革的日益发展,相互调适类和参与创制类教学设计将逐步成为教学设计的主要形式。

(5)根据学生参与教学设计的程度,语文教学设计可分为以教师为主的语文教学设计、师生互动的语文教学设计、以学生为主的语文教学设计。以教师为主的语文教学设计是指,教师洞察学情,依据课程标准、教科书进行课程目标及其内容的任务分析,确定教学目标、内容、策略、方法和步骤,学生无权也没有合适的路径参与教学设计,表达学习愿望。师生互动的语文教学设计是指,在任务分析、确定教学目标、内容、策略、方法和步骤的过程中,教师与学生相互商量,积极吸取学生的建议和意见。以学生为主的语文教学设计是指,学生自主设计语文学习目标、内容、策略、方法和步骤,教师只是启迪学生充分、明晰地表达自己的学习愿望,帮助学生规划实现学习愿望的可行路径。我国现阶段主要是以教师为主的语文教学设计。

(6)根据教学设计的技术背景,语文教学设计可分为以纸质媒体为主的语文教学设计、网络环境下的语文教学设计、现实虚拟交互情境下的语文教学设计。我国现阶段主要是以纸质媒体为主的语文教学设计。

(7)根据教学设计的组织程度,我们还可以把语文教学设计分为目标预定模式、自主生成模式。下面重点介绍这两类模式在教学实践中的运用。

三、异质多元教学设计模式的个案分析

我国语文教育正在经历着非理性实践到理性实践的转变。非理性的教育实践囿于日常经验的缓慢积累,把教师和学生当成既定教科书的演绎工具,销蚀教师专业实践和学生学习的自觉理性精神。而理性的教育实践把教师认定为研究者,赋予教师专业实践和学生学习的自主权,教师的天职在于促进学生创新人格的全面和和谐发展,经由这种理性实践,教师谋求着自身的专业成长和价值实现。相应的教学设计也有两种形式,一是目标预定模式,二是自主生成模式。

1.目标预定式语文教学设计的利弊

（1）什么是目标预定式语文教学设计

目标预定式教学设计是以科学主义心理学为理论基础,追求教学过程的科学化和严密性,它指向于对环境的控制和管理(在此,学生成为教育环境中的一个要素),其核心是"控制"。教学的过程以既定教学目标为出发点和归宿,教学内容、教学方法和教学评价都以既定的教学目标为旨归,学生被当成锻造的对象,人的发展被模式化了。在此情形下,教师醉心于教学技术的雕琢,企图将课堂教学的每个细节都置于自己的有效控制之下,教学就是亦步亦趋地演绎预先设定的教学方案。

这种教学方案必须回答以下四个问题:

①教学应该达到哪些目标?（教学目标）

②什么样的教学内容有助于达成这些目标?（教学内容）

③如何有效地组织这些教学内容?（教学组织形式与方法）

④如何确定这些目标正在得以实现?（教学评价）

（2）目标预定式语文教学设计的利弊

目标预定式教学设计的长处是:首先,它与建立在心理学基础上的教育研究传统是相吻合的,它迎合了教学科学化的愿望,有利于人才的批量生产;其次,它使得教学有了一个明确的准则,适合于知识、技能和行为性的训练;最后,它引导教师在教学中思考他们正在力图达到什么目标,使教师有据可依,这种模式的最大优点就是它的条理性和简易性,所以容易为广大教师所接受。

但是,这种模式又有着非常明显的缺陷:

第一,这种模式理论上的假定与教育实践的事实不符。大量实践证明,教学目标可能在实施过程中发生变化甚至逆向,目标的合理性是在教学过程中逐步建构起来的,而不是先验预成的。

第二,它试图将教学目标明晰化、操作化,而许多高级的学习目标本身是难以用行为指标加以界定的,如创造性思维、情感目标和人格发展。

这样,目标预定模式可能将这些高级的学习目标排除在教学目标之外,进而使整个教学过程成为一种机械训练的过程。而这些目标正是素质教育所追求的。

第三,目标预定式教学设计往往比较强调教科书单元训练重点,容易忽视学生自身的学习愿望,容易把学生的发展束缚在既定目标的框架之中。

第四,目标预定模式把教学看成是类似于建筑工作之类的活动,而教学本身是充满生命力的精神性活动,它充满了创造性、丰富性、复杂性。因此,这种模式也不利于教师自主的教学实践和学生自主的探究性学习。

目标预定式语文教学设计的这些弊端为自主生成式教学设计留下了极大的探索和成长空间。

2. 自主生成式语文教学设计的理念

(1)什么是自主生成式语文教学设计

自主生成式语文教学设计以后现代人文主义(人本主义心理学、建构主义心理学)为理论基础,追求教学过程的人性化,它指向的是人的多样化和完整性的发展,其核心是“创新”。它把教学看成是一种意义构建的过程,是教师和学生的人生价值得以实现的过程。这个过程充满了异质性、多元性、不可预测性和不确定性,强调学生的学习愿望生成、自主探究和合作发展。

该模式把教学视为不断变化生成的过程。其中,教师是一个引导者和促进者,他把自己的智慧融进富有创造性的教学过程中,并由此实现自己的教育理想;学生是一个拥有学习权利的探索者,教学过程中,他可以实现自己的学习愿望,表现自己多样化的学习成果,并由此实现基于自由的成长意志。这正是素质教育所追求的教育情操和教育境界。它充分表明,教学目的与手段、教学内容和形式、教学策略和方法、教学过程与结果、教学系统与情境等教学要素处在不断磨合形成的过程之中,

预定的教学目的及其实现路径会随着教学的实施与展开发生变化,以适应学生在多样化情境中的学习愿望、需求,保障学生的学习权益。

因此,教育是达到外在目标的手段,且是具有内在价值的过程,所以,我们可以根据教学活动的内在价值标准,而非它们所导致的预期结果来评价它。

为了帮助教师反思教学设计的利弊,下面的问题可能是有帮助的:

①当学生在发言时,你在什么情况下会打断学生的讲话?为什么要这样做?效果如何?

②你是否坚持要一些个体接纳某些道德观点?如果是的话,对这些个体会产生什么影响?

③思考性的讨论常常会进展很慢,并会出现一时的沉默。你打破这种沉默的比例是多少?你打破沉默只是为了使学生不过于紧张,还是为了使学生群体面临任务?

④你作为"主持人"是否值得信赖?所有学生是否都得到平等对待?是否所有观点,包括你赞同的或批判的,都得到公平处理?

⑤你是否习惯于复述和重复学生所做出的结论?如果是这样的话,会产生什么结果?

⑥你是否趋向于得出一致意见?例如,问:"你们是否都同意这个观点?"这样提问的结果是什么?如果问:"有谁还能提出其他可行的观点或解释?"结果又是什么?比较一下两者的结果。

⑦你在什么情况下会认定学生的观点?例如,说"对""不对""非常有趣的观点""讲得好",这对学生会产生什么效果?是否有学生只是为寻求你的奖励而不是为了完成任务?

⑧你是否经常问一些你认为知道答案的问题?这些问题对学生群体会有什么影响?问一些你不知道答案的问题,又会产生什么影响?

⑨你为学生提供什么样的证据作为提示?这种证据实际上有帮助吗?如果有帮助,为什么?如果没有,为什么?

⑩你对有争议的问题保持中立吗?你是否提示一般化道德判断?

你提的问题是否隐含某些价值观？你在讨论时是否小心翼翼,不提供会把学生引入你所持观点的证据？你是否鼓励少数人的观点？

⑪你是否试图通过提问来传递你自己对某些东西(如一首诗或一幅画)的意义的解释？

(2)自主生成式语文教学设计的利弊

自主生成式语文教学设计体现了一种着眼于教师与学生终身发展的理念,它不仅把教师当成一个研究者,更重要的是,它也把学生当成是一个探索者,一个探索人生价值的公民。这对传统教育理念是一个危险的颠覆。对于我国语文教师来说,它本身是一个需要加以理解和反思的话题;更重要的是,它对我国现有的课程制度、教学的技术形态和教师素质构成了挑战。

第四节　　小学语文教案及其样例

一、什么是小学语文教案

教案是教学方案的简称,是微观教学设计的结果。微观教学设计也叫备课,备课工作包括前期工作和形成教案两个环节,前期工作主要有钻研课程标准、教材,了解学生,整合教学资源,设计教法学法等。在前期工作的基础上,经过周密策划和精心设计,教师可以形成实施教学的具体详细方案,教案的形成是教师备课工作中最为全面系统、深入具体的一步。

备课可分为个人备课和集体备课。集体备课也叫校本教研,集体备课的单位可以是同头组、年级组,也可以是教研组。身处急速变迁的中国教育情境,集体备课是教师的重要专业发展策略。团队里的教师可以分工协作,共同分享,形成更有智慧、更加成熟、更具容纳性的教案。即使在个人备课的过程中,教师个人也不是孤立无援的,他完全有权分享教师职业团体的资源和智慧。在前期工作中,教师可以主动利用专家资

源,主动借鉴其他教师成熟的教案。在互联网技术异常发达的今天,专家型教师的教案是中青年教师备课的重要指导性资源;但是,在网络暂时无法覆盖的地区,教师的处境是不利的。

教案,又称课时计划。教案是以课时为单位编写的具体教学方案,是授课思路、学习进程、教学内容、教学方法的客观反映。教案既不同于教学大纲,也不等同于讲稿。教学大纲是对课程教学的总体要求,而教案则是实现教学大纲的具体细化并精心设计的授课框架;讲稿只是体现教师讲授内容及其顺序,而教案则主要反映教师指导学生学习的进程,所以,有人提出了"学案"的时尚概念。

教案的主体是由彼此关联的教学事件构成的,这些教学事件涵摄了特定的教学目标、教学内容、教学策略与方法,课堂作业要与测验相契合。教学事件由学生与教师的行为构成。

每个教师都应坚持编写教案,写好教案。

二、教案的种类

1. 简案和详案

按照复杂程度,教案可以分为简案和详案。对于简单的教学内容和老教师来说,可以选择简案。对于复杂的教学内容和新教师来说,可以选择详案。

2. 文字表述式、表格式和卡片式

按照陈述方式,教案可以分为文字表述式、表格式和卡片式。

一般而言,表格式教案和卡片式教案属于简案,文字表述式教案属于详案。当然,详案也可采取表格式和组合式卡片。

3. 纸质教案和电子教案

按照媒介的类型,教案还可以分为纸质教案和电子教案。电子教案可分为 Word 文档、PPT 文档。PPT 文档就是常说的课件。对于教学实施来讲,纸质教案和电子教案各有所长。

课件实质上是一种软件,是在一定的学习理论指导下,根据教学目标设计的、反映某种教学策略和教学内容的计算机软件。把计算机综合处理文本、图形、声音、图像、动画、视频等多种媒体信息能力的技术应用于教学上,改变信息的包装形式,在计算机上利用媒体开发工具把图、文、声、像集成在一起,做成教学软件,以提高教学内容的表现力和感染力,这就是"多媒体课件",目前一般的形式是 PPT 课件。

4. 主案、辅案、应急教案

教案包括主案、辅案、应急教案和留白教案。主案是教师准备实施的方案,体现课堂的主要教学事件和基本脉络,一般情况下,设计良好的主案能确保教学的顺利进行。在确认主案合理性和可行性的前提下,辅案是主案的合理补充。基于教学经验,针对通常应该出现的不同学习情况,教师可以且应该设计辅案,以不同的教学内容和方法因应学生学习差异。应急方案是指针对不应该出现的学习情况或教学中的意外事故,教师的预设教案。留白是借用书画艺术留白的概念。留白教案是针对课文特征和小学生的心理特点,包括教师不说破甚至不说出来,或由学生自主学习感悟的内容,从教学方法上看,教学留白意味着教师刻意、耐心、宽容、机智、富有爱心的等待。留白教案给学生一个想象和感悟的机会和空间,可以保持学生的情感弹性。优秀的小学教师一般都懂得如何留白。

三、教案的格式和结构

一份完整的教案应包括教案的封面、课程简介、教学大纲、教学日历和单元、课时教案的内容。

教案的封面:主要包括课程名称、课程编号、年级、任课教师和教师所在教研室。

单元、课时教案可分为详案和简案两种。

一份合乎规范的详案,主要由四部分组成:单元、课时教学概况,教学进程,板书设计,教学后记。

（1）单元、课时教学概况,包括:①课题名称;②授课班级;③授课日期;④教学目的;⑤教学重点和难点;⑥课型;⑦教法与学法;⑧教具;⑨其他考虑的内容。

（2）教学进程,即教学事件的安排,包括:①教学事件的时间顺序及时长;②每个教学事件(步骤)目标;③相应的教学内容;④教师的活动及其行为;⑤学生的活动及其行为;⑥设计意图、教学评估及教学辅案。

（3）板书设计。

（4）教学后记,也叫教学反思,即教师课后的小结或教学心得。通过教学后记,教师可以与同行、学生一起总结教学中的得失,以利于改进教学,提高教学质量和教学水平。

四、编制教案的方法

进行小学语文教学设计时,教师需要综合考虑学生的学习需求、教学情境的变化,从教学目标、教学内容和教学事件三个方面着手设计。

1. 拟定教学目标

语文课堂教学目标是在预设的基础上逐步生成的,即是说,预设的教学目标在课堂实施过程中会有变化。语文课堂教学目标可以从知识能力、过程方法、情感态度与价值观三个维度来限定。三维目标是就教学过程的总体而言的,就语文教学而言,每节课无须也不可能分节、分块实现上述三项目标。语文课堂教学应以知识能力目标为主体,有机融合过程方法、情感态度与价值观目标,在实现知识能力目标的过程中达成过程方法、情感态度与价值观目标。在确定教学目的时,不仅需要研读课程标准,还需要考虑小学语文教学内容和小学生的学段、年段特点,不要脱离实际提出笼统抽象、无法达成的口号。

教学目标的设计需要做好以下六件事:①研究课程标准的年段目标;②厘清本册教材的目标体系;③明确教学单元的训练重点;④商定本

课的教学目标;⑤对教学目标进行排序;⑥适当保持目标的弹性。

2. 组织教学内容

在分析教材的逻辑顺序的基础上,对教学内容的安排要保持恰当的量、度和序;知识的容量适度,难度适中,讲授的顺序要兼顾语文知识的逻辑顺序和心理顺序。

教学内容的设计需要做好以下五件事:①解读教学文本;②整合教学资源;③选择与教学目标相关的教学内容;④根据教学目标的层次,对教学内容进行排序;⑤为课堂教学的展开留有余地。

3. 安排教学事件

教学事件是加涅使用的一个教学概念。在本教程中,教学事件是由教学活动构成的,教学活动由教学行为构成。从教学研究的规范看,这三个概念是有区别的,但有时人们也习惯于交叉使用这三个概念。

一堂课是由前后相续、相互关联的教学事件构成的。每个教学事件是相对独立的教学时空单元,涵盖于特定的教学目的、与之内容相匹配的一个或多个教学活动。每个教学事件中的教学活动是由前后相续、相互关联的教学行为构成的。

教学行为是教学论的基本研究单元,具有可观察、可测量、可分析等特性。教学行为包括教师教的行为和学生学的行为,二者存在交互性。教师教的行为可分为启发性行为、指导性行为和非指导性行为。教师的启发性行为旨在启动、引发、扩展学生学习活动。教师的指导性行为意在指导学生的学习活动,如语文教学中,教师的范读、讲授、提问、倾听和回应等都属于指导性行为,回应行为包括教师对学生行为的评价、补充、梳理、引导、点拨和调控。教师的非指导性行为主要指教师的倾听、观察、研判、鼓励、赞赏、衔接等行为。

教学依据教学目的、内容来确定课型和课时结构,安排学与教的步骤,分配教学时间,以便将课堂组织得井然有序,充分发挥每一分钟的效益。

（1）根据目标和内容的排序,确定教师与学生的行为序列(见表1-1)。

表1-1　加涅的教学事件排序

教学事件	与学习过程的关系
引起注意	接受各种神经冲动
告知学习目标	激活执行控制过程
刺激回忆前提性的学习	把先前的学习提取到工作记忆中
呈现刺激材料	突出有助于选择性知觉的特征
引出作业	激活反应组织
提供作业正确性的反馈	建立强化
评价作业	激活提取,使强化成为可能
促进保持和迁移	未提取提供线索和策略

（2）根据教学进程的变化,准备教学事件预案

郑板桥有句诗云:"删繁就简三秋树,领异标新二月花。"教学始终处在变化之中。有效的教学刺激进入到教学过程中,教师与学生会有所反应,有些反应是可以预设的,在情理之中的,而有些反应则是意料之外的,即时生成的。基于既定的教学目标、教学内容和教学时间,生成的教学反应可以是有益的,也可以是干扰。

对于生成的教学事件,应理智地加以分辨并及时处理。应将有益的教学反应纳入教学的过程,对预设的教学目标和内容作适当的调整,甚至果断舍弃某些教学目标和内容,进而拓展和深化教学内涵。同时,也应机智地化解意外的干扰,保证教学的有序进行。

五、遵循编写教案的基本要求

（1）科学性:观点正确,内容准确,材料真实。

（2）适用性:实用可行,真实地展现自然教学过程。

(3)规范性:结构完整,格式规范,语言通畅,书写工整。

(4)简明性:教案内容简练明确,教学步骤条理清楚。

(5)灵活性:遵循教学目的,应对课堂变化,灵活变通运用,避免照本宣科。任课教师应遵循专业培养计划制定的培养目标,以教学大纲为依据,在熟悉教材、了解学生的基础上,结合教学实践经验,针对不同的专业及不同层次的学生编写好教案。如同一授课内容,如果专业不同,则授课内容的侧重点就不一样,要根据专业特点适当调整教学内容及重点。

六、编写教案的注意事项

教案设计的详细与否可因人而异。一般来说,青年教师的教案必须详写。教案可含有必要的图、表、板书设计等。

承担语文综合性学习任务的教师,都应根据实际教学情况和教学内容,参考所提供的教案格式编写教案,以保证各个教学环节的教学质量。

对有关重点、难点、疑点及相关联的拓展性文本等,可用彩笔做标记、旁批。

教案编写好后,教师要不断修改、熟悉,只有把教案烂熟于心,最终脱离教案,才能把课讲好、讲活。只有熟悉教案而不依赖教案,教师才能全身心地投入授课活动,放开手脚,舒展自如,倾注自己的思想情感来吸引、感染学生,实现教学效果的最优化。

第二章　小学语文课堂教学方法

　　教育有着内在的运行规律,随着人们认识的深化,不断地将规律化为具有可操作性的教学常规,具体指导教育教学实践活动。教学常规是着眼于人才培养目标和规格,基于教育规律的认识,归纳总结符合教育规律具有相对稳定性的教育教学工作程序、步骤和方法等一整套完整的操作和检测体系,主要包括目标管理、教育管理和课堂教学活动三个基本方面。目标管理是指培养什么样的人才和规格,一是国家层面的人才培养要求,二是学校依据自身实际做出的特色人才培养指向。教育管理是指教育行政管理,包括教师管理、学生管理、班级管理、教学管理和财务管理等,简言之,就是人、财、物的管理。为了避免与教育管理形成交叉关系,课堂教学活动侧重于直接从事教学的一般性活动,主要包括备课、授课、作业、辅导、考核测评等几个基本环节。

　　教学常规具有通则性质,全方位地指导学校教育教学活动。狭义的教学常规,通常仅指课堂教学活动,如果不加特别说明本章即用此义,就是如此,这个术语也还是表征通则性,因为它没有体现学科特征。小学语文课堂教学常规既是通则教学常规的细化,又体现学科教学特性,具体表现为:

　　(1)备课包括教学目标、学情分析、文本研读、文类辨析和教法学法选用等,其中文本研读和文类辨析具有较强的语文学科特性;

　　(2)授课包括课堂导入、文本研习和讲授、学法引导、工具性与人文性结合、课堂小结和布置作业等,其中工具性与人文性结合体现出了语文学科的核心特征;

　　(3)作业包括学生作业、教师下水作业和作业评讲等,其中作文的教师下水练习尤其能够显现语文学科教学特性;

（4）辅导包括课堂辅导、课外辅导和课外活动等，其中课外活动是实现大语文的重要途径；

（5）考核测评包括命题与评讲等，语文作为人文学科，不可拘泥于标准答案，可以留给学生适当的发挥空间。

小学语文课堂教学"新常规"主要体现在三个层面：第一，"新"是原来没有，后来有所添加。比如，现在一般都添加了"说课与反思""听课与议课"两个基本环节。此外，就是细化原有教学环节，如细化课堂活动的推进、讲解、提问、讨论和分享等。第二，原来设定的教学常规重在工作程序、步骤和方法的介绍与规定，具有技巧性特征；"新"则更强调教学工作的艺术性。第三，原来的课堂教学常规更多地倾向于引导教师如何"教"，"新"则更多地强调应该引导学生如何"学"，使学生真正获得"自主、合作、探究"的学习方式。

第一节　小学语文导入的艺术

课堂教学活动开始之专属名称就叫导入或导语，以导入称之更为准确与贴切，因为导入既表系过程，也隐含着结果。

一、术语梳理

导入即引导进入。教学导入是在一定教学目标指引下，教师有意识地引领学生开始进入相关教学内容学习的教学行为。小学语文教学导入就是基于语文学科特点，关注小学生学习心理，教师有意识地运用多种教学媒介、手段和方法，引领学生进入最优化语文学习状态，从而开始教学活动的初始教学行为。

二、基本理论

1. 学习兴趣理论

小学生学习在很大程度上依然受制于个人兴趣，而非基于理想目标稳定的坚强意志。激发学生学习兴趣,这是教学导入应该考虑的基本心理气场。班级授课制聚合了一群学生,就会形成心理气场,也就必然会相互影响,产生"1+1>2"的系统效应。通过教学导入而激发学生语文学习兴趣,由此生成心理气场,即使有个别学生尚未形成兴趣,也会在这样一个气场的裹挟之下,逐渐产生兴趣并形成良性循环。

2. 凤头理论

凤头理论是文章结构理论。教学导入借鉴凤头理论,能够充分体现应该达到的质量标准,那就是犹如凤头那样精细、漂亮,富于吸引力,具体到教学导入,可以表述为言简意赅,富于吸引力。言简意赅,就是要精到,切中要害,一般在3分钟左右为宜。意赅,更强调导入内容必须富于吸引力,能够真正起到营造学习氛围、引领学习路径的效果。

3. 疏浚理论

疏浚理论借用大禹治水的故事。整个教育教学活动就像治水,学习就是一个过程,犹如滚滚水流,新知识就构成水流的障碍,犹如凌汛,这就需要疏浚。教育实践已经证明"导"是最好的学习,因此借用它表达教学导入应该达成的学法效果。

三、实施策略

第一,研读文本。只有充分研读文本,吃透教材,才能恰到好处地设计一个适宜的导入。第二,分析学情。教学的对象是人,必须因材施教,好的导入不能只看导入文本,更应该考查教学对象。第三,关注环境。它主要是指教学环境,包括校园自然环境,也包括学校精神环境,如校风、学风和班风等。第四,选用方法。从来没有最好的方法,只有适宜的方法,因此必须综合考量各种因素,然后选用适宜的方法。教学导入基本上体现为三大类:激趣导入、切题导入和学法导入,在教学实际中,它们之间没有界限,具有某种交融性。

第二节　小学语文课堂活动的推进艺术

课堂教学活动包含课堂导入、文本研习、学法引导、工具性与人文性结合、课堂小结和布置作业等环节,环节之间必然涉及衔接,也就需要推进艺术。

一、术语梳理

推进即促进事物前行。教学推进是基于课堂教学活动有机整体性,旨在促进各个教学环节顺畅紧凑,生成张弛有度富于节奏美的教学行为。小学语文课堂活动教学推进就是以文本逻辑为基础,教学逻辑服务为文本,黏合并优化各个教学环节,创造环环相扣、相得益彰、教学节奏美的教学行为。

二、基本理论

1. 过渡理论

过渡理论取源于文章结构理论。课堂教学活动是由多个教学环节组成的有机整体,它的有机性既可以通过内容之间的关联性显现,也还需要某种外在的机制来黏合,过渡就是其间的黏合剂,能够起到承上启下的作用。过渡的方法,最基本的就有词语过渡、句子过渡和段落过渡,这些都可以运用到教学活动过程中。

2. 高潮理论

高潮理论也是取源于文章结构理论。课堂教学活动因为包括多个教学环节,文本内容也包含曲折变化的因素,因此教学不应该平铺直叙,而要追求起伏变化张弛有度的节奏美,教学高潮就是题中之意,"教学高潮的形成是一个渐进的过程,从学生上课注意力的集中程度看,基本上表现为不集中—集中—高度集中—逐渐不集中;从大脑活动的规律考查,则是开始抑制—兴奋—高度兴奋—慢慢抑制,因此教师要科学把握教学时间和教学内容,努力在最佳的时间段和思维最活跃时期推进教学高潮。在教学的黄金阶段,应该选择好课堂高潮的内容:或者把教材的重点、难点加工成悬念性的问题,引导学生寻觅解答,登临极顶,豁然开朗;或者按课文情节,逐步推进,把课文的情节高潮与教学高潮统一起来,一箭双雕,相得益彰;或者对课文的人物形象,指导学生认识分析,明了性格特征,得到成功的愉悦;或者把课文的中心意思、写作技法做出准确的归纳,使学生迅速理解,得到新的启迪和收获,等等,把教学内容进行提炼,找出主攻点,因势利导,使学生得到最深刻、最生动的教益。"

三、实施策略

第一,把握文本结构与情感线索。教学推进需要关注教学逻辑,服务教学文本,因此研读文本是基础性工作。从推进艺术层面考量,研读文本的重点在于文本结构与情感线索,因为其中存在着推进因素,能够引领教学逻辑的发展走向。

第二,把握学生有意注意的时间曲线。学生学习的有意注意总是表现为时段性,不可能一整堂课都处于高度兴奋状态,也不可能每节课都保持一样的精神面貌,总会有一个学习注意力曲线的变化。"心理学家绘出了40分钟内听众或班级注意力的变化图。起始注意力高度集中,在第一个10分钟内会慢慢下降,然后会迅速下降,大约30分钟后达到最低点,然后在最后5分钟会迅速提高并达到高潮。从这里可以得到四个要点:①时间越短——大致说是25~30分钟——注意力越集中(当然,分成很多小部分,它就自行失效)。②你要让听众记住的最重要的要点要放在开始和最后。特别是每个部分最后一幅画、一个句子或词组,它可以在新词、新形象推上去之前,在听众的头脑中停滞稍长一段时间,所以就显得特别重要(你可以在每个重要的要点之后延长停顿的时间而加以强调)。③注意力会在第一个10分钟后下降,然后慢慢爬升,所以,对于质地的变化多样,以及其他的可以激发及保持注意力的工具都要倍加关注。④只有在知道行将结束、临近尾声时,听众的注意力才会升高。"

第三,关注教学重难点。教学重难点是教学活动必须突破的核心教学问题,也是教学推进必须关注的问题,甚至整个推进都要围绕它展开,因为它能够起到提纲挈领的作用。

第三节　小学语文课堂总结

教育是一个树人的过程,需要不断反顾,以便及时调整教育方法,课堂小结与总结具有反思意识,可以奠定不断进步的根基。

一、术语梳理

小结与总结即指一个行为主体对于一定时期内的所作所为,在一定思想的统摄下进行必要的反思,旨在更加有效地指导下一阶段的行为,争取更大成效的一种反省行为。教学小结与总结是指在一个完整的教学活动单位内,教师对自己的教学行为进行反思,以精要言辞加以概括提炼,既表明授课基本内容,又帮助学生条理化掌握知识,实现教学相长的一种自省行为。小学语文课堂小结与总结就是基于语文课堂教学活动,为了让学生更好地掌握语文知识系统性,体验文本的人文性,教师在某个教学活动节点上,提纲挈领地归纳提炼教学内容的教学行为。

二、基本理论

1. 反思理论

教学反思是教师以自己的教育思想及其教学活动为思考对象,对其进行认真的审视、分析和研究,比对现实教学与预期效果之间的卯合度,从而不断完善教育思想和调整教学策略,使之达到最优化教学效果的一种哲学思维方法。小结与总结只是其中基本的体现方式。

2. 归纳逻辑

归纳逻辑是关于归纳推理和归纳方法的理论,这是小结与总结必须运用的逻辑思维方法。归纳逻辑就是由个别到一般,具有对现象进行概括提升的特点,这正是教学小结与总结所要求的基本方法。

三、实施策略

首先,必须研究课堂教学对教学目标的实现程度。任何教学行为都是教学目标的实现手段,都应该围绕教学目标展开,因此必须分析教学目标的实现程度。

其次,必须分析教学重难点的突破程度。教学最终都要落实到"学",教学重难点的确定不仅取决于教学文本,更取决于学情分析,它是落实学生本位思想的一个落脚点,是必须反映的基本内容。

再次,提炼关键词统摄小结与总结。课堂教学小结与总结不能长篇大论,必须短小精悍,以时间长度计算则以 2 分钟左右为宜,因此就要求提炼关键词,以期达到以一驭万的效果。

最后,综合研究制订实施方案。这是一个具体化的实施步骤,是在之前的充分研究基础上提出的方案,因此要求必须具有现实可操作性。从小结与总结的组织形态看,可以区分为教师独立小结与总结、学生进行小结与总结、师生共同小结与总结三类。

第四节　小学语文课堂讲解

讲解作为教育教学的一种基本方法,虽然讲解已由过去的一统天下转向多元教法,但是讲解的作用依然不可替代。

一、术语梳理

讲解即讲述解说。教学讲解是教师基于教学内容,采用讲述解说的方式,旨在传授学科知识的一种教学方法。小学语文课堂讲解就是基于教学内容,依据语文学科特性,运用讲述解说的方式,传授语文知识,体现人文性内涵,促成两者有机融合的一种教学方法。

二、基本理论

1. 奥苏贝尔的有意义言语学习理论

学校教育某种意义上就是符号教育,奥苏贝尔认为,学生在课堂上主要接受由前人所积累的文化科学知识,这些知识是用言语符号表达的,学生在课堂教学中就是接受的有意义言语学习。

2. 皮亚杰的认知发展阶段理论

皮亚杰的认知发展阶段论告诉我们,儿童的认知发展具有阶段性和顺序性,而且这种阶段性和顺序性是不可更改的,思维、语言等的发展由低一级水平向高一级水平过渡。既然每一阶段都不可随意超越、更改,那么每一阶段的认知水平都会限制儿童的学习,它不仅制约着学习内容的深浅,还制约着学习方法的选择。可见,儿童的认知发展水平决定了在不同的发展阶段要用不同的学习内容和不同的学习方法。

三、实施策略

首先,研读文本。研读文本必须关注三个层面的关系,一是文本所呈现的认知结构,二是教师自我的认知结构,三是学生的认知结构。因为文本的认知结构必然呈现某种新知识,而要将其化入学生的认知结构,就应该厘清知识概念间的关系是上位关系、下位关系还是组合关系,然后再思考教学讲解的最佳切入点。

其次,交往对话。教学活动是一种特殊的交往行为,交往需要平等对话,不仅需要教师与学生的对话、教师与文本的对话,还需要学生与文本的对话、学生与学生的对话、文本与文本的对话等。在备课阶段,教师就应该深入研究这些关系,然后模拟这些对话,只有这样,才能在课堂上进行恰如其分的讲解,才能实现学生新知识的有效迁移。

再次,形成方案。这是由厚到薄的过程,在由薄到厚的充分研究基础上,依据文本分析、学情判断、目标制定等确定"薄"的程度与具体内容,从而有效地建构学生新的认知结构。具体的讲解方式方法很多,主要有:解说式讲解、解析式讲解和解答式讲解。解说式讲解是运用学生所熟悉的事例或现象,引导学生从情境中接触概念,从而理解概念;或者把已知的知识与未知的问题联系起来进行比较,发现和把握事物的本质属性和基本特征。解析式讲解是通过归纳和演绎,解释和分析教学内容中的规律、定理和法则等,使学生掌握有关的定律、原理和公式。解答式讲解是以解答问题为中心进行的讲解。

第五节　小学语文范读的艺术

《语文课程标准》明确规定学生必须"能用普通话正确、流利、有感情地朗读课文",朗读教学法是小学语文教学基本方法。以至于有人说"没有读书声的课堂就不是语文课堂",可见强调程度之大。

一、术语梳理

范读是指教师对教学文本进行艺术化朗读,力求细腻地表达文本的思想和情感,并将其传达给学生,使学生在思想情感上得到熏陶、感染与共鸣的一种教学行为。

二、基本理论

1. 榜样身教理论

学高为师,身正为范,职业性使得教师具有榜样的力量,小学生又最为崇敬老师。教师娴熟地运用朗读技巧进行艺术化朗读,就会成为模仿对象,教学效果将会事半功倍。

2. 声音情感理论

丹纳说："人的喜怒哀乐，一切骚扰不宁、起伏不定的情绪，连最微妙的波动，最隐蔽的心情，都能由声音直接表达出来，而表达的有力、细微、正确，都无与伦比。"因为任何一个人都在心灵中无数次沟通声音与情感的联系，也无数次通过这种联系用声音来表达自己的情感，因此，声音与情感之间的同构，已作为人类心理中一种极为稳固、极为普遍的现象而存在。文本凝聚着丰富的情感，声音具有强大的沟通能力，范读就能够起到讲解所不能达到的效果，成为交往对话的重要途径。

三、实施策略

首先，掌握朗读技巧。朗读是一种技能，技能是可以通过反复训练获取的能力，因此必须进行朗读技能训练。其次，体悟文本思想情感。教学文本是充满思想与情感的文字，因此必须"入乎其内"，深入体悟文本所蕴含的思想与情感。最后，需要修身养性，提升人格魅力。教师修身养性，就能够提升人格魅力，从而增强范读的厚重感和魅力感染。

范读主要有现场范读和录音范读两种。现场范读是教师本人现场示范，它具有较强的现场感，因而也具有较好的现场感染力，一般提倡现场范读。录音范读既有教师本人的录音范读，也有他人的录音范读，可以是音频，也可以是视频，但都缺乏现场感，缺乏面对面的情感交流，因此，一般不提倡录音范读。

第六节　小学语文课堂提问的艺术

教学活动是一种特殊的交往对话，课堂提问就成为师生互动的重要平台。

一、术语梳理

提问即一方向另一方提出问题，寻求解答。教学提问是基于教学目标,在课堂教学活动中,教师有意识地设置一些问题,通过问题引领的方式促进学生思考,以期深入把握教学内容的一种教学行为。小学语文课堂教学提问就是基于语文学科教学之下的提问,它是为了更好地引领学生把握教学文本,围绕文本所体现的工具性和人文性而设置相应的问题,在师生的问答教学互动中研读文本,达成教学目标的一种教学方法。

二、基本理论

1. 交往对话理论

交往对话理论实际上包含着哈贝马斯的社会交往理论和巴赫金的对话理论,在这里只取其中与教学相关的基本思想。按照哈贝马斯的解释,交往行为是指人与人之间通过语言等符号的相互作用来达到相互理解和承认的行为,那么课堂提问正是运用语言符号寻求师生之间的共识,最终达成目标,因此提问就蕴含着交往理论。

关于对话,巴赫金指出:"一切莫不归结于对话,归结于对话式的对立,这是一切的中心。一切都是手段,对话才是目的。单一的声音,什么也结束不了,什么也解决不了。两个声音才是生命的最低条件,生存的最低条件。"对话的前提是语言和话语,而"语言、话语——这几乎是人类生活的一切"。在没有语言、没有话语的地方,不可能有对话关系;在事物之间,在概念、判断等逻辑范畴之间也不可能产生对话关系。由于人的全部思维都具有对话的性质,因此,"对话的边界纵横交错在人们现实的思维空间里"。

2. 学习效果反馈理论

反馈是控制论的一个基本概念,它是指控制系统把信息输送进去,然后把其作用的结果反馈回来,并对信息的再输出发生影响,从而起到控制作用。教学活动需要这样一种反馈机制,提问正可以起到反馈作用,可以检测教学效果。教师依据教学内容设置相关问题,在对话交往中实现即时教学生成和真正意义的师生互动。

3. 学法引领理论

《语文课程标准》确立了三维目标,即知识与能力、过程与方法、情感态度与价值观,其中方法被正式提出,因为只要掌握学习方法,就可以最终实现由教到不教的转变。提问可以成为学法的引领,因此教师应该具有学法引领意识。

三、实施策略

首先,需要具有问题意识。提问就是提出问题,因此必须具有问题意识,要形成问题意识,应当从以下两个方面着手:一是把握文本教学目标,依据目标才能提出有针对性的问题,通过问题的解决达成目标;二是切实把准文本的教学重难点,通过问题的方式分解重难点,使之变成一个个小问题,变成一级级小台阶,引领学生一步步地解决问题,最终突破重难点。其次,必须具有学法意识。问题的设置应该能够引领学生自主学习,通过自主探究逐渐解决问题,从而达到不教的目的。最后,需要具有技巧能力。问题的设置要在"巧"字上下功夫,既要有一定深度、难度,更要有路径的引领,因为问题不是目的,学习才是宗旨。

第七节 小学语文课堂讨论的艺术

《语文课程标准》大力提倡自主、合作、探究的学习方式,课堂讨论主体是学生,是对未知知识进行共同探讨,符合教学新理念,因此得到广泛的认同与推广。

一、术语梳理

讨论即就某一问题交换意见或进行辩论。教学讨论是指在教学活动中,在教师的引领下,以学生为主体对教学内容进行探讨,旨在解决知识困惑,达成教学共识的一种教学行为。小学语文课堂讨论就是在语文课堂教学活动中,充分尊重语文学科特点,在积极探讨的过程中达成最佳共识点的一种教学行为。

二、基本理论

1.真理理论

真理是正确反映事物发展规律和本质属性的认识。虽然不同时代有着不同的真理观,却是人们的一种永恒追求。正因为有着追求真理的不变情结,才引发人们不懈地探究,才有在探究道路上不同认知的磨合,才有寻求共识的讨论形态。

2.交往对话理论

人总是独立的个体,总是有着自己的思想,因此不可避免地存在思想差异。人又是社会动物,是一个群体内的个体,因此也必定心向归宿,寻求认同,这就决定了交往对话是人际社会的必然。讨论就是交往对话的一个基本平台,因为其中蕴含着民主平等的因素,因此深得人们喜爱。

3.自主、合作、探究学习理论

这是课程标准规定的一种基本学习方式,也是现代社会发展所要求的一种生存方式。讨论的主体是学生,因此学生具有自主性。讨论是在群体内进行的,而且依据教学特点,往往需要组成小组进行讨论,因此必须合作。讨论的问题属于未知知识,因此也就具有探究性质。

三、实施策略

首先,需要确定讨论专题。好的讨论专题,需要教师认真研读文本,把握教学重难点,从中提炼既能够牵引文本知识网络的节点,又能够引发学生探究自己感兴趣的问题。其次,需要搭建讨论平台。平台的构筑需要考虑多种因素,一是民主平等氛围,二是环境场地,三是人员组合搭配。最后,选用讨论方式。如自由式讨论和小组讨论,集中讨论和任务分工式讨论,口头讨论和书面讨论,还有竞赛式讨论等,教师从中选用适宜的方式,尽量发挥讨论的最佳效果。

第八节　　小学语文课堂分享的艺术

当代社会,分享作为理念已经进入我们的生活,不仅提倡物质分享,更主张精神分享,教学活动中的分享就属于精神分享。

一、术语梳理

分享即与他人共同享受、使用和行使。教学分享是指在教学活动中,学生就教学内容的独特感受向大家讲述出来,以期对他人有所帮助,并得到认可或引起共鸣的一种教学行为。小学语文课堂分享就是指在语文课堂教学活动中,学生讲述自己的个性化独特感受,在相互激荡中既获得个体的满足,又对他人有所帮助与启迪,在精神上获得双赢的一种教学行为。

二、基本理论

1. 知识分享理论

从某种意义来说,知识分享自从知识产生之后,就一直存在着分享行为。专门从事文化传承活动的学校教育,更是知识分享的集中场所。因为是班级授课制,同班同学就具有相近的文化底蕴和认知结构,于是知识分享就具有较好的有效性,可以就此建构新知识。

2. 共同进步理论

班级授课制的一个重要思想就是批量培养人才,这就要求同班学生达到基本的质量标准,也就是共同进步。目前国家制定的《国家中长期教育改革和发展规划纲要(2010—2020 年)》明确提出教育均衡的国家教育发展战略,这表明不仅要在小范围内实现学习的共同进步,而且还要在更广阔的范围内实现教育均衡发展,提升全民族的教育水平。

三、实施策略

首先,需要学生拥有能够分享的资源。没有知识储备,就犹如巧妇难为无米之炊,那就无法实现真正的知识分享。因此,教师应该不仅着眼于课堂的知识传授,还应该引导学生拓展课外知识,为有效的课堂分享提供可靠保障。其次,需要培育分享的心向氛围,有的学生可能拥有相当的知识积累,但没有分享的心向,也会影响整体的分享效应。

第九节　小学语文课堂板书的艺术

课堂教学不仅需要讲,还需要写,讲与写结合,才能提高教学效果,因此必须重视板书艺术。

一、术语梳理

板书即指在教学活动中,教师利用黑板,运用各种表达符号,简明扼要地呈现教学内容,从而达到辅助教学的一种教学行为。小学语文课堂板书是小学语文教师在研读教学文本之后,对整个教学内容进行高度概括凝练,运用言简意赅的表达符号(如文字、图形、表格、符号等)展示核心教学内容的一种教学行为。

二、基本理论

1. 思维的提纲理论

人的思维一般都是由简单到复杂,由粗糙到精细的,文本的写作也是如此,一般先有提纲梗概,然后充实细化,最终形成文本。文本是作者思维的最终成品,因为文本的丰富、复杂和细腻,因而显得比较庞大,板书能够还原文本构思和思维骨架。

2. 由厚到薄的学法理论

研究和学习有两条基本路向:一是由厚到薄,即把复杂的文本简单化和条理化,这是抽象概括的过程;二是由薄到厚,即把看似简单的文本丰富化和复杂化,这是触类旁通的过程。课堂教学总是贯穿着这两个路向,学生之"学"要能够将厚厚的教学文本化成几个要点,把握其中的核心,于是板书就是必然的平台。透过简要的板书,学生能够据此丰富化和复杂化,还原甚至拓展文本,因此,板书具有学法引领作用。

3. 黑板报排版理论

板书的基本载体是黑板,与黑板报相似,因此,板书的结构布局应当遵循黑板报的排版理论。

三、实施策略

首先,要有明确的板书设计思想。它包括准确地反映文本内涵、体现教学目标、突破教学重难点以及独特的表达形式,这是板书的必要准备。其次,能够依据设计思想提炼关键词。主体板书不能复杂冗长,要精练独到,具有很强的提示性,必须提炼关键词。最后,适宜灵活地选用板书形式。板书形式丰富多彩,有文字、图形、表格、符号等,教师应当选择适宜的板书形态,力求最佳地传达教学内容。

第十节　小学语文阅读的导学艺术

整个小学阶段,语文教材的基本构成是阅读文本,阅读教学也就占据最大分量,因此必须高度重视阅读的导学艺术。

一、教学目标

既有总体目标,也有学段目标:具有独立阅读的能力,学会运用多种阅读方法。有较为丰富的积累和良好的语感,注重情感体验,发展感受和理解能力。能阅读日常的书报杂志,能初步鉴赏文学作品,丰富自己的精神世界。背诵优秀诗文共 60 篇,课外阅读总量不少于 100 万字。

二、课型教学特点

第一，必须进行必要的文本解读。首先要解除字词句的理解障碍，能够理解文面意思；其次是能够理解把握文本的情感倾向和价值取向。

第二，在字不离词、词不离句、句不离篇的原则下，适时适宜地渗透语文知识的传授。《语文课程标准》指出："在阅读教学中，为了帮助理解课文，可以引导学生随文学习必要的语文知识，但不能脱离语文运用的实际去进行'系统'的讲授和操练，更不应要求学生死记硬背概念、定义。"

第三，在文本系统中渗透人文熏陶。语文的人文性不能架空分析与灌输，应该潜在文本系统中透过文句潜移默化的熏陶，化人文滋养于无形。

第四，应该重视朗读教学艺术。各学段都指出"用普通话正确、流利、有感情地朗读课文"的教学目标，因此必须贯彻朗读教学，而且应当发挥教师示范朗读的作用。

三、导学路径

首先，确定具体的阅读教学目标。基本思路与识字教学相同，关注"三维目标"的具体实在性，避免空泛。

其次，具体真实的学情分析。基本思路与识字教学相同，确保因材施教可以落实到分层教学层面。

再次，厘清阅读教学导学线索。分析文本线索，大致可以区分为文本知识线索、思想情感线索、艺术结构线索以及基于教学的问题线索、主题线索、思维线索等，依据文本和学情确定的教学目标，梳理最佳的导学线索。

最后，精心谋划阅读教学导学案。在各类课型教学中，阅读教学的导学艺术最受人关注，也形成了一些相对成熟的导学模式。"四段式"导学模式是按"定向—自学—质疑—练习"过程组织教学的方法。第一阶段——定向。基本步骤:激趣→领悟→认同,使学生明确教学目标,激发求知欲,引导学生进入良好的学习准备状态。第二阶段——自学。基本步骤:自读→交流→评价。重在强调学生的个体实践活动,学生根据目标,运用已有的知识和技能,借助各种条件和手段,独立地感知与理解课文。第三阶段——质疑。基本步骤:质疑→讨论→点拨。学生提出疑问,或在教师的引导下质疑,针对具体问题教师组织学生思考、发言、争辩,教师围绕教学目标确定重点、难点和关键问题,或画龙点睛地加以点拨,或用启发性问题引导深入思考。第四阶段——练习。基本步骤:自练→交流→小结。重在培养和提高学生知识迁移的能力,面向全体学生精心设计以重点训练内容为主,包括理解、积累、运用语言在内的层次性训练。

学案导学法是借助学案引发学生自主学习以促使学生进行主动建构知识网络的教学模式。学案编写一般包括学习目标、学前测评(预习作业)、学法指导、达标检测(课堂检测)、推荐作业(复习巩固)等几个部分。学案的基本形式根据内容不同,可分为填空式、图解式、图表式、习题式、问题式等,学案的呈现方式有预习指导导学案、课堂教学导学案、复习导学案等。预习指导导学案包括"导语设计—知识生成过程(知识结构图解)—预习要求"三部分。课堂教学导学案包括"自学检测—合作学习—展示反馈—拓展提升"四个板块。复习导学案体现"知识反刍—复习检测—讨论展示—拓展提升"四个板块。

"三环—六步——反思"高效课堂教学导学模式。

三个环节。首先预习:明确学习目标,确定课文重点、难点,并通过自主学习和小组合作探究初步达成学习目标。其次展示:展示、交流预习模块的学习成果,进行知识的迁移运用,对感悟进行锤炼提升。最后反馈:反思和总结,对预设的学习目标进行回归性的检测,并进一步反思和总结。

六个步骤。第一,出示目标。教师集体备课,制定导学案;学生借助导学案,明确学习目标。第二,自主学习。学生以教材和导学案为对象,研读教材,查阅资料,圈定关键问题,初步完成基本的学习任务。第三,合作探究。围绕目标和重点、难点,同学合作交流,立体学习,再次达成学习目标。第四,展示提升。小组内交流预习成果,教师分配任务,小组合作、立体学习,全班展示、全面提升。第五,达标测评。依据学习目标,检测学习目标达成情况,再次达成目标。第六,纠错巩固。对达标测评中再次出现的错误或问题,通过自我纠错、对子互帮、再次板演或展示的方式进行纠错巩固。

一个反思。执教老师及时反思前一天在上课中出现的问题,及时纠偏,在教研组会议上达成共识,不断提升教师的教学艺术和教学效果。

第十一节 小学语文写作的导学艺术

写作教学是语文教学五大板块的重要组成部分,由于它是工具性与人文性的具体综合运用,体现较高的语文综合能力,不仅学生视为畏途,教师也深感难教,因此,研究写作教学的导学艺术对于提高学生语文综合素养尤为有意义。

一、教学目标

既有总体目标,也有学段目标:能具体明确、文从字顺地表述自己的意思,能够充满真情实感地进行有效写作。能根据日常生活需要,运用常见的表达方式写作。

第一,充分的训练性。习作必须亲自动手动脑写作,教师的任何分析都不能代替学生写作,因此必须给予学生充分的训练。

第二,必要的示范性。习作是极具个性化的写作,但也需要必要的示范。

第三,适当的对话性。写作教学设定两级台阶,包含三级训练:说话、写话和习作,说话是基础,借助口头作文,教师得以现场通过一对一的形式达到一对多的指导,因此应当安排适宜的课堂对话交往。

二、导学路径

首先,确定具体写作教学目标。基本思路与识字教学相同。

其次,具体真实的学情分析。基本思路与识字教学相同,只是要关注写作教学与阅读教学的密切联系。

再次,厘清写作教学导学线索。一是以训练观察力为线索,二是以训练想象力为线索,三是以训练表达能力为线索,四是以训练选材能力为线索。

最后,精心谋划写作教学导学案。一是"观察—汇报—写作"导学法。观察是教师教给学生观察方法,然后布置任务要求课前或课中让学生观察指定事物。汇报是指学生对所观察事物于课中向全班作口头汇报,相当于口头作文。学生于此环节进行互动交流,教师适时指导。写作则是学生在分享观察结果,在师生及生生互动之后执笔成文。二是"案例—讨论—写作"导学法。案例主要是指具有某种示范性的典型素材或范文。讨论就是针对案例师生共同进行分析,归纳适于当次习作训练要求可资借鉴的样本。写作就是之后的执笔成文。三是"话题—材料—写作"导学法。话题是提示一个对话范围。材料则是围绕话题提供相应的支撑材料。写作就是最后的成文。

第十二节　小学语文使用多媒体和网络资源的艺术

《语文课程标准》教学建议指出:教师应"积极开发、合理利用课程资源,灵活运用多种教学策略和现代教育技术,努力探索网络环境下新的教学方式",因此,教师必须掌握多媒体和网络资源的使用艺术。

若要合理地使用多媒体和网络资源,就要明确合理的内在指向。在教学活动中,合理性可以表征为三个基本层面:适时、适度和有效。适时是指时机把握要好,要通盘考虑,要遵从需要的原则。适度是指呈现的量要适当,呈现的时间长度要适中。有效是指呈现的内容要实用,作为教学手段能起到辅助作用,对于教学效果要能起到提升作用。

多媒体和网络资源的有效合理使用,还应该遵循以下几个基本原则:第一,物物而不物于物的原则;第二,服务教学质量的原则;第三,服务学生的原则;第四,形式服从内容的原则。

多媒体课件和网络资源使用策略。首先是多媒体课件使用策略。第一是撰写脚本,第二是制作课件,第三是运用课件。其次是网络资源使用策略。第一确定搜索关键词,第二选择搜索引擎,第三选择性下载资料,第四整理并有效使用资料。

第三章　小学语文教学设计方法研究

如果说教学设计是对教师课堂教学行为的一种预设，是对学生达成教学目标、表现出学业进步的条件和情境做出的精心安排，旨在创设一个有效的教学系统的话，那么，教学设计流派则是指一些在语文教学中具有趋同的教学思想、相似的教学模式、相近的教学风格的教师，在教学设计中创设的有效而富有特色的教学系统，而且在教学艺术实践中自觉或不自觉、正式或非正式地结合在一起，并在一定时期和范围内产生影响的教学派别。正是因为语文教学设计流派中的人物是特级教师，是他们在自己的语文教学实践中反思和总结出别具特色的教学设计，其教学设计在教学实践中具有代表性、稳定性和典型性以及深远的影响力，因此极有必要对他们的教学设计进行梳理和传播，使更多的语文教师能够富有成效地从事语文教学。当代的著名教学专家兰达就赋予教学设计这样的认识：教学设计原本是使"天才"才能做的事情一般人也能去做。这是我们研究和介绍语文特级教师教学设计流派的意义所在。

衡量教学设计流派有三个标准：一是有一套不同于他人的教学主张和方法。一个教学设计流派能够区别于其他教学流派，须具有新颖、独特的教学理论与方法，具有这两个要素才可能影响教学实践活动；二是具有教学设计流派的代表人物，广泛的实践范围，良好的教学效果和持久的影响过程；三是形成了一个研究共同体。其内部有自身基本的概念和大致的发展方向，流派内部成员可以充分发挥特长和潜力，深化其主题研究。因此，鲜明的教学主张、有效的教学模式、独特的教学风格、典型的教学实例是语文教学流派形成的内核，缺少了其中任何一个方面，语文教学流派都难符其实。

第一节　情境教学流派

一、情境教学的基本理念

情境教学是指语文教学要遵循反映论的原理充分利用形象,创设具体生动的场景,激起学生的学习情绪,从而引导学生从整体上理解和运用语言。

1. 情境创设的途径

在语文教学中创设情境是要求教师根据教学内容,与学生共创一种能激起学生情绪的学习场景,主要包括六个途径:①以生活展现情境。生活是指学生日常生活世界,生活是语言的源头。②以实物演示情境。即学生能直接看到、听到、接触到的情境。③以图画再现情境。指的是真实情境的模拟性形象,如图片、幻灯、电影等。④以音乐渲染情境。指的是与文本意境相匹配的音乐来衬托和渲染文本,可让学生更好地感受文本中的形象、画面及情感。⑤以表演体会情境。文本是语言与情境的和谐统一,让学生通过扮演文本中的角色,增加学生对文本的体验,使理解变得更为容易和直接。⑥以语言描绘情境。指在教师形象化语言的作用下,学生通过对言语物质形式的感知及对语义思维、记忆和想象而进入特定的情境。

2. 情境教学的特点

一是形真。即形象富有真切感,神韵相似,能达到可意会、可想见即可。因为小学生特别是低年级学生往往都是通过形象去认识世界的,但语言本身是抽象的,让学生通过文本的语言文字如临其境,受到感染,同时体会语感。首先必须有鲜明的形象性,可见可闻,产生真切感。只有感受真切,才能入境,才能理解语言,体会语感。"形真"不是要求所有的情景都是实景,也不是要动用多种教具,是要求神韵相似。

二是情切。即情感参与认知活动,充分调动学生的主动性。情境教学缺乏"情",其"境"就会变得死板,徒具形式,只有"情深"方能"境活"。从教材来看,其作品主要选自名家名篇,都文质兼美,表达的是"真事物""真感情"。对于小学生来说,学习阅读名家名篇就是通过语言文字,使学生在一定的情境中深切地体会和领悟作者的用笔之情,对自然、人物、事件的挚情,理解文本的深远意境,受到人文情感的熏陶。

三是意深。即意境广远,形成想象契机,有效地发挥想象力。情境教学取"情境"非"情景",在于"情境"具有一定的深度和广度,情境教学强调"情绪"和"意象"。情境,总是作为一个整体展现在学生面前,造成直接的印象,激起学生情绪,同时推动学生想象活动的发展。教师可凭借学生的情、象活动,把文本内容与所展示、所想象的生活情境联系起来,把学生带入文本的意境中。

四是理喻其中。即蕴含的理念。"动之以情,晓之以理",是说"动情"是"晓理"的基础,"动情"是手段,"晓理"才是目的。教师要善于挖掘教材中情与理的因素,晓理并不是脱离文本讲道理,而是植根于文本之中的晓理。文本中对各种形象的塑造都寓有深刻的理念。情境教学就是从文本的中心出发,选择最能代表文本中心的各种形象来创设情境,使学生凭借对形象的感知来揭示其中的理念。

3. 情境教学的原则

李吉林从整体出发,着眼于学生的发展,提出在教学过程中的五个原则,即前提、基础、动因、重点、手段五个方面。

一是诱发主动性原则。学生是教学活动的主体,在课堂上能否主动地投入,是教学成败的关键。学生的主动性只是一种潜能,教学就需要将学生带入情境,在探究的乐趣中激发学习动机;又在连续的情境中,不断强化学习动机,使课文中描写的一个个人物形象栩栩如生地再现在学生的眼前;描写的一个个特定空间,学生涉足其间,仿佛进入了其人可见、其声可闻、其景可观、其物可赏的境地。可观的教学情境一环环引人入胜,学生进入情境后的热烈情绪又反过来丰富情境。

二是强化感受性原则。情境教学主张"强化感受,淡化分析",即通过优化情境,引导学生从感受美的乐趣中感知教材。优化的情境向学生展示的是可感的生活场景、生动的画面、优美的旋律、角色的扮演或实物的演示等,这些具体的生活形象为学生理解语言做好了认识上的准备,而且是笼罩着情感色彩的认识准备。

三是注重创造性原则。学生的创造性应该在语文教学中有意识、有目的地去培养。主要通过:①提供丰富的表象,为组合新形象打基础。情境教学注重从学生的观察入手,在众多的观察活动中有效地培养学生的观察力,而观察力是进行创造性思维不可或缺的一种智能。②注重想象,为创造新形象提供契机。情境在很大程度上是相似模拟,粗略而简易,为学生留有宽阔的想象余地。想象越丰富,对文本的理解就越深刻,合情合理的想象是凭借文本实现的。③鼓励求异,培养思维的广阔性与灵活性。以观察为基础,着眼于发展的教学思想体系,为学生学习拓展了思维空间。

四是渗透教育性原则。小学语文教材除了语言文字表达的规范性和审美性外,还拥有丰富的文化性、情感性、思想性,其丰富的人文内涵对学生精神的影响是深远的。人文内涵是文本的"脉",是透过语言文字蕴含于文本之中的情愫,因此教学不能脱离文本空谈感想。而是在初读课文时"入情",在感受课文中描写的形象中"动情",在领悟课文语言文字的神韵中"移情",在表情朗读、语言训练中"抒情"。

五是贯穿实践性原则。学生的语言能力和智力,只有通过逐步的训练才能形成,情境教学强调基础,注重训练,这个训练就是实践,贯穿在整个语文教学过程之中。

二、情境教学的课堂教学模式

识字、阅读、写作不是单一孤立地存在着的,它们之间相互作用、相互影响,只要和谐协调,必然取得最佳的效果。因此,情境教学在低年级实施识字、阅读、作文"三线并进"策略;在中高年级实施"四结合单元教学"强化的策略,即把题材相近或相似的文章组成单元(写人、记事、写景、状物、说明应用、古诗文诵读),把"读与写""文与道""课内与课外""语言训练与思维发展"等语文教学的诸多因子,组成一个相互联系、相互作用的整体。阅读教学、作文教学的模式如下:

1. 阅读教学模式

(1)初读——创设情境抓全篇,重在激发动机。

(2)细读——在审美情境中,理解关键词、句、段。主要强化感知,充分利用情绪,加强内心体验;提供想象契机,展开联想与想象,丰富课文内容;设计训练,语言与思维积极活动,在运用中加深理解。

(3)精读——凭借情境品赏语言,欣赏课文精华。主要是通过比较和诵读两种方法体会语感。"比较"主要是"增"与原文相比;"减"与原文相比;"替换"与原文相比;"前后改动"与原文相比。"诵读"强调有感情地读,穿插教师的范读和朗读技巧的指导。

2. 作文教学模式

(1)认识世界。让学生学会观察,观察大自然、社会生活和学校生活。

(2)激发动机。情境教学就是要引导学生从周围世界中获得真实感受,由此激起学生内心的情感,教师顺势引导,激发学生表达的欲望。

(3)打开思路。主要从丰富情境中,从深化情境中,从拓展情境中,从文题范围的空间中,从表达方式的多样中打开思路。

(4)范文引路。以范文引路,读写结合。

(5)提早起步。从一年级起开设口头作文课,包含字、词、句、段、篇的综合训练。从二年级写观察日记到三年级开始写情景作文,有词、句、段的训练,也有布局谋篇的训练。从整体出发,各年级有所侧重,螺旋上升,有效地促进学生语言的发展。

第二节　读写结合流派

一、读写结合教学的基本理念

读和写是互逆的过程。它们之间既相对独立，又密切联系。读是理解吸收，写是理解表达。有理解性的吸收，才会有理解性的表达；反之，表达能力强了，又促进理解吸收能力的提高。抓住它们之间的联系点，即读写对应性，也是读写迁移的基本因素，系统地对学生进行读写训练，不仅是提高作文教学的有效途径，而且是提高学生听、读、说、写各项能力，达到全面发展的重要途径。"读写结合"即是学用结合，在语文教学中，取消专门的作文课，把大量的写作片段训练和综合训练糅合在阅读教学之中，通过"从读学写，以写促读，突出重点，多读多写"，实现了读写的水乳交融。

1.读写结合的基本经验

针对小学语文教学中存在"杂、乱、华、死"的问题，把教学的着力点放在学生的读写训练上，做到有的、有序、有点、有法，突出学生是学习的主体。

（1）有的：杂中求精，打好基础

小学语文课程的知识尽管不够明晰，但依然有其内在的联系及规律，记叙文是小学语文教学学习和训练的重点，应该把教学重点放在记叙文上。把小学语文课本中所有的记叙文，从语言结构方法、文章结构方法和思维逻辑几个方面进行研究，侧重文章的语言结构和表达两个方面，归纳出记叙文读写的规律性知识，称之为"五十法"或"五十基本功"。把来自课文的"五十法"作为帮助学生研究的范文，了解作者如何叙事、状物、写人，怎样表达思想感情和安排篇章结构，又作为学生学习写作的借鉴。

（2）有序：乱中求序，分步训练

根据教学大纲对各年级的要求，以记叙文"五十法"为线索，以发展学生的语言能力和思维能力为中心，总结出"读写同步，一年起步，系列训练，整体结合"的五步系列训练模式，五步即五个阶梯，一年一个阶梯，逐步提高。

一年级训练，以字词为重点，从词入手，侧重练好一句"四素"俱全的句子，作为记叙文的起步。

二年级训练，从句入手，侧重练好四种句群（连续、并列、总分、概括—具体）。以词句为重点，从段着眼。

三年级过渡阶段，侧重练好构段四法（连续、并列、总分、概括—具体）。以句段为训练重点，从篇着眼，从段入手。

四年级训练，侧重练好篇章。在三年级训练的基础上，着重进行审题、立意、选材、组材、修改、观察项目的训练。

五年级训练，侧重综合提高。以培养学生自读、自作、自改能力为重点。

五步系列训练模式目标明确，体现由易到难，由简到繁，循序渐进，不断提高，多层次的系统训练和整体中有部分，从部分到整体，多角度训练的设计原则。

（3）有点：华中求实，突出重点

反对把语文课上成只追求形式的面面俱到，提倡从学生的实际出发，讲求实效，突出重点，精讲多练。围绕"五十法"的读写联系点，从三年级至五年级每学期设置8个读写训练重点项目，坚持胸中有全册，着眼组文，从课入手，课有重点，点点相连，反复训练，逐步提高。主要采用三种教法：一是一文中只突出一个重点。对课文的重点部分要求当堂做到五会（理解、品评、复述、背诵、运用）；二是对一些典型课文，采取一文多次教、多次练，每教一次，重点就转换一次，力求领会和掌握文章的特色；三是在学生有了一定的自学能力的基础上，采取一篇带多篇的组文教学法。

（4）有法：死中求活，交给规律

认为教学的真谛在于给学生"授之以渔"，他认为所谓"文无定法"的主张在小学语文教学上应慎用，主张小学生读写必须从有法到无法。他为此总结了许多小学生读写学习法，如识字歌、写字歌、审题歌、分段歌、阅读法、作文法、读写结合法。

2. 读写结合的理论依据

（1）体现了迁移的规律

迁移是指一种知识、技能的学习对另一种知识、技能学习的影响。从读写对应的规律中，提炼总结出"读写五十法"，是通过"读"让学生学习一些语言知识，使学生掌握读写结合知识结构，为学习迁移创造条件。就是利用读与读、读与写之间具有的共同因素，通过读写建立起一定的读写认知结构，再阅读新课文时，就会同原来有关的知识联系起来，经过同化，纳入已经掌握的有关读写的认知结构中去，巩固和提高已有的阅读能力，这就是读与读之间的迁移，同时也会迁移到作文中。

（2）体现了语言规律的指导作用

语言规律是指组织语言的规律或法则。语言法则包括词法和句法，汉语主要倾向于研究句法，从句法研究用字、组词、造句，以至修辞及篇章方面的知识。总结的"读写五十法"、七条读写对应规律以及句群结构法等，都是读写方面的基本规律知识，以语言规律知识为指导进行教学，显著地提高了学生的读写能力，加强了小学语文教学的科学性。

（3）体现了儿童的心理特点

认为小学儿童的心理特点主要体现在模仿性、发表欲和遗忘性等方面，他根据儿童的这些心理特点进行读写结合教材教法的设计与实施：第一，模仿性。模仿是儿童的天性，模仿是他们的心理需要，儿童在学习语言和各种技能的最初阶段都要借助模仿这个"阶梯"。根据儿童的这一特点，语文教学在教材教法上把阅读和作文紧密地结合起来，并提供适当的范文。第二，发表欲。小学儿童特别是低年级儿童具有强烈的发表欲,他们不仅有口头发表欲,而且通过一定时间的识字和阅读,积累了一些生活经验后,也有书面语言的发表欲,愿意把自己的所见所闻用文字表达出来。读写结合正是满足了儿童的这一特点。第三,遗忘性。儿童在学习语言的过程中,容易出现学得快,忘得也快的问题。所以,语文知识的学习必须在不断的巩固中进行,把学过的语言知识在新的课文中运用,在写作中运用,当学生形成一定的语言运用能力时,遗忘发生的速度就降低了。

二、读写结合的教学模式

读写教材的特点是以单元为结构,每单元有 7～8 篇课文,分精读篇、略读篇、自学篇、综合练习四类,而每一单元又分两组课文,第一组课文的重点是认识训练目标,第二组课文的目的在于强化、深入理解和掌握目标。其精读课的教学模式是:

(1)明确训练目标。读写结合教材是以单元组文,每个单元、每篇课文教学训练目标十分明确,使教者、学者都能有的放矢,教学效果也有目标衡量。每个单元、每篇课文的训练目标就是教师备课的指导思想。教学的每一步就是使学生明确该课的训练目标。

(2)导预习,初步感知课文。预习就是要达到学生自己读书、思考的目的。从第五册开始,将预习编在课文之前,预习内容一般有两方面要求:一是通过初读课文理解生字词;二是通过看课题、阅读课文、理解课文写了什么内容以及重点部分。第六册的预习要求虽然简略了,但预习深度提高了,不但要求理解课文内容,还提出作者是怎样表达的一类问题。

(3)导精读,深究重点段。这一环节着重理解重点段,对重点段进行深入的理解、品评、运用。通过细读、精读课文,达到对所学字、词、句、段、篇的理解和运用。首先是理解性语言的训练。阅读一篇文章,先要会理解,即会解词、析句、分段,最后读懂全篇。在理解语言的基础上进行语言品评和运用的训练,训练复述、说话、写话、写段、作文等。

（4）导练习，巩固加深。指导学生总结和运用学习方法，进行多层次练习，达到基本掌握训练目标的目的。读写结合教材增加了课堂练习，而且课后练习比统编教材增加一倍多，以练习语言表达能力的题为主，体现出语文学科的性质和特点。

第三节　　智慧语文教学流派

一、智慧语文教学的基本理念

通常意义上讲，智慧即是对事物能迅速、灵活、正确地理解和解决的能力。语文教学的智慧体现的是语文学科的本质特点，关注小学儿童的特点，契合儿童的需要和兴趣，触及儿童的心灵和精神世界，追求的是一种大道至简、符合天性、开发潜能的境界。

学生语感的培养，对于语文综合素养的提高具有举足轻重的作用。语感是读者对语言文字的敏锐感受，就是在感知语言材料时直接产生的一种对语言文字含义、情味和理趣的理解力。语感的主要特征是直觉性和自动化。为什么在语文教学中以语感的培养为切入点呢？第一，语文课程的特点是工具性与人文性的统一，也就是说，人文性是以工具性为基础的，脱离工具性的人文性，即丧失了语文课程的旨趣。因此，语文课程必须以语言性为基础，而语言性的落实离不开语感的培养。第二，学生的语感的形成，需要接受准确的语言刺激，加强语言的感受力，在丰富多样的语言训练和应用中，让其获取鲜活的语言经验，达到整体感知语言的能力。在汉语学习中重视语感有特殊的作用，因为汉语不同于英语，它是一种单音节的分析语，靠的是词的滚动组合，是在语境的具体联系中产生意义的，这种意义是要靠我们意会的。

提倡简简单单教语文，按照语文的规律教学。他把自己的教育思想归结为"五重语文"，即重情趣、重感悟、重积累、重迁移、重习惯。"重情趣"是要把握语文中的人文精神，体现其中的情趣。"情"指的是情感，是对学生有情,对语文教学有情,教师上课要有情。"趣"是指教师要把课上得富有趣味性,达到让学生愿意学、乐此不疲的效果。"重感悟"是由语文教学规律决定的,实质上就是要把学习的权利交给学生,让学生在老师的指导下自己读书,自己去领会。"悟"要先悟其义,要读懂课文内容;还要悟其情、悟其法,也就是体会文章表达的思想感情,领会文章的表达方法,感悟作者遣词造句的妙处。"重积累"是语文工具性的需要,也是学语文最基本的策略和方法。积累不仅包括语言的积累,还包括生活的积累和感受(含情感)的积累。教学要抓住两个关键:一是教学中要十分重视读和背,要按照学习语文的规律进行教学;二是要特别重视课外阅读,最大限度地丰富学生的积累。"重迁移"是指重举一反三、学以致用、增强语文的运用能力。"读写结合,有机有效"是于永正阅读教学的一大亮点。指导学生进行"由读到写"的迁移,先引导学生模仿借鉴,然后根据所学课文特点,进行片段仿写,比如写一段对话,写人物的外貌,写一段场景,写与课文中结构相同的一段话,用几句话把课文的意思概括一下,笔答课后的某个问题等的"小练笔",等等。"重习惯"是要重视激发起学生的兴趣,养成良好的习惯。主要包括学习和运用语言的习惯。学习习惯主要指爱读书报的习惯、一边读一边想的习惯、不动笔墨不读书的习惯(圈圈点点、作批注等)、做读书笔记的习惯、遇到生字查字典的习惯等;运用语言的习惯是不能过分依赖老师的分析和讲解的,而是用更多的时间和机会让学生反复练习和实践。

语文教学应充分发展学生的言语智能,让语文课堂教学清晰起来。致力于把教学重心从课文的思想内容转移到语文能力的发展上,把目光聚焦在语言文字上,通过课文内容学习其中的语文知识,进而通过相应的语文实践,形成并发展学生的语文能力。语文教学应该重视"双基",但知识不等于智慧,技能也不等于智慧。语文教学必须超越知识和技能走向智慧,建立在三根支柱上:"鲜明的思想""活生生的语言"和"儿童的创造精神"。"为言语智能而教"理念的提出是基于:第一,语文课程、教材始终未能解决语文课程内容与教材内容的问题,尚未形成科学的、可表述的语文学科内容结构。语文教师缺乏鲜活的、适切的语文知识必然带来语文教学的低效,也弱化了语文教学的专业性。第二,目前的语文教学习惯于"以文本内容学习带动言语能力培养",强调学生的"感悟",未能就"经验、思维、想象"这些"感悟"的内在要素作学理的解析,没有提炼出具有普适性的教学方式方法,难以应对不同的文本与不同的学生。第三,语文教学任务多元,目标模糊,致使语文教学头绪太多,方向不明。语文教学应以发展学生的言语智能为核心,走向生活,走向综合,走向运用,走向智慧。

二、智慧语文的教学模式

1.贾志敏的教学策略

第一,用汉语的组合规律,在读写结合中培养学生的语感。

贾志敏的阅读教学和作文教学的设计的特色是抓住一个关键词,让这一关键词在滚动发展中实行多方组合,由词发展成句,由单句发展成复句,由小节发展成段落,乃至最后发展成全篇文章。这就是词语的滚动、碰撞,就像一个活跃的化学分子一样,在滚动、碰撞中,实行多方组合。

第二,将阅读的文本重构在师生的平等对话中,培养学生的语言。

如何实施阅读教学,取决于教师对文本的把握,更取决于教师能够提取相应的语言文字,并把它作为训练的例子。贾志敏通常的做法是:第一步,凭借文本,反复进行阅读;第二步,运用汉语中的铸造式滚动方法,对文本进行多方组合重构。

第三,以当场的语言诊断,在生成中培养学生的语感。

贾志敏在课堂上不放过每个学生说的每句不妥当的话,他追求的是正确、敏锐、强烈地去感觉、感知、感悟语言。贾志敏认为语言应具备六个要素:敏锐、正确、强烈、感觉、感知、感悟。

第四,以出色的语言示范,在语言实践中提升学生的语感。

首先,贾志敏注重自身的语言积累,很多的小学生作文、小学课文,他都可以很娴熟地背下来。其次,在教学实践中,无论是讲述,或是与学生沟通交流,还是对学生的评价,都尽显贾志敏对语言使用的风范,学生时时都在感受着语文教育和熏陶。因为预设的是有准备的,而生成的往往是没有把握的,是要临场用教学机智,以自己的语言功底去应对的。

2. 于永正的教学模式

于永正在阅读教学中贯彻"以读为本"的宗旨,以"一课一法"为原则。其教学模式包括三个环节。

(1)自读自悟。一般包括导入、自读两个部分。"导入"环节,因文而异。他教《全神贯注》,采用的是"背名言,赠名言"的形式。教《新型玻璃》则神秘地口述一个小偷偷东西,因防盗玻璃自动报警而被抓住的故事,引起学生的好奇心和探究精神。"自读"环节。要求读准生字,读通课文,画出不理解的词语,想想课文写的时什么。读书要做到字字入目,读准每一个字,读通每一句话。每一篇课文,都要求学生读得正确、流利。

(2)反馈点拨。基本要求是在把课文读得正确、流畅的基础上,通过老师的点拨,悟义,悟理,悟情,悟法。好的片段还要熟读成诵,达到内化语言的目的。这一环节融检查、指点、示范、理解和写字、朗读等训练为一体。

(3)迁移应用。迁移应用是教学的目的。一是读的迁移,由课内向课外迁移;二是写的迁移,注意读写结合,阅读课重视小练笔,低年级造句,高年级写段和片段仿写。除此以外,还包括笔答某一个问题、写字、抄写词语和课文等,写的训练要因文而异,形式多样,丰富多彩。

3. 薛法根的教学模式

薛法根提出组块教学的策略,是以发展学生的语文运用能力为主线,将散乱的教学内容整合成有序的实践板块,促进学生的言语智能充分地发展。他提出根据不同文体及相应的阅读策略研制适宜的教学内容;根据文本语言的不同层次选择适合学生的教学内容;根据学生的言语智能发展需要创设合理的教学内容。

（1）阅读教学结构

①读,主要指诵读。诵读教学坚持六个字:读读,让学生充分自由地朗读课文,读懂意思,读出形象,读出情感,读出韵味;评评,引导学生就课文的某些语句、段落进行评价,发表自己的看法,学习初步的鉴赏;背背,让学生选择喜爱的段落背一背,记一记。

②悟,即体悟、感悟。组块教学在注重学生与文本、经验与知识、思维与想象等多维度、多层面的联通,在教学中充分激活学生的经验积累,引导学生通过思维与想象,达到对文本内容、情感及表达规律的领悟,在广泛的联系中达到融会贯通,自悟自得,并日渐提高学生的悟性,培育学生的灵性。

③习,即习得、运用。习得的基本途径:一是在读中迁移;二是综合性学习。打破课堂界限、学科界限、课内外界限;三是反思性学习。引导学生在语文实践活动之后,自己总结学习收获,寻找存在的问题。

（2）基本课型

①诵读感悟型。对于精美、典型的课文或段落,应引导学生进行有层次的诵读训练,从中领悟言外之意,体悟言中之情,感悟言语规律,培养语感能力。

②情境运用型。根据课文内容和学生实际,创设语言交际运用情境,引导学生进行对话交流,在实践中学习语文、运用语文、掌握语文。

③研读探究型。启发学生就文章的语段进行深入探究,质疑问难,培养学生的探究精神和创新意识。

④主题活动型。围绕一个教学主题开展综合的语文实践活动,如以春天为主题的古典诗歌诵读活动。

第四节　生命语文教学流派

一、生命语文教学的基本理念

从学生全面发展的高度出发实施语文教学,认为工具性与人文性是语文学科的两个方面,不能截然分开,让学生既学好语文知识,培养语文能力,熟练掌握运用祖国语言,又得到情感熏陶,具有良好的思维和行为习惯,是语文教学的应有之义。语文课堂是为学生生命成长奠基的,应从"长身体""善学习""会生活"几个方面关注学生的发展。

(一)"长身体"强调关注学生的身体发育是每一个老师的责任。语文课上要重点关注学生读书写字以及站立的姿势,因为挺拔的身躯、良好的气质都得益于平时习惯的养成。关注每一个学生的身体健康,是生命语文最基本的出发点。

(二)"善学习"包括以下四个方面:首先,习得良好的学习方法。生命语文应着眼于学生未来发展的需要,为其终身学习奠基。要求老师在解读文本时先思考两个问题:文章写的是什么?作者是怎么写的?然后再确定教什么和怎么教的问题。这样,教师就能做到心中有数,知道如何取舍。教师在课堂上要时时关注学生的学习需要,产生真正符合学生学习需要的方法,让学生拥有方法,达到学以致用。其次,具备主动接受别人学习成果的能力。这种能力表现在课堂上是学会倾听,善于学习的学生都是擅长倾听的,身心向别人开放,接收个体以外信息的过程中,通过分析判断产生自己的思想,交流分享彼此的感受。再次,让学生在课堂上有思考的欲望。生命语文要求老师在备课中预设一些具备挑战性的智力问题,诱发学生去思考,催促学生去思考,从而把学生引向深入,体会文本的意义。学生有了思考的欲望,便有了学习的动力。一个个思考的欲望连缀起来就是一种思考的习惯。最后,追求对学生心灵的体贴。教师要根据孩子的年龄特点、心理特点和文本的价值特点对学生进行人文主义教育,而不是把人文教育"伪圣化"。生命语文是要在课堂上、在学生的心中种下一份善良,一份仁爱,一份对生命的虔诚。

(三)"会生活"是说语文本身就是生活,一篇篇课文就是一个个生活场景的重现,带领学生涵泳其中,就是带领他们触摸生活的温度,把课堂上对是非善恶的认识延续到生活中,并作为个人行为的镜子。

二、生命语文的教学模式

因为模式过多关注技术层面的问题,模式只适应于教学流程,所以武凤霞认为她的课堂不会形成一种固定的模式,模式化的课堂会让学生感到语文的索然无味,不应把一种理念固化为一种看得见、摸得着的模式。武凤霞坚守的是"真正好的教学不能降低到技术层面,真正好的教学来自于教师的自身认同与自身完整"。她的语文课是预设的,更是符合课堂上学生需要的,展现的是"以学定教,顺学而导"的境界。一个好的教学设计,就是教师个性化的创造过程,蕴含着教师的人文素养、思想观念、情感态度及价值观,凸显着教师对教材到位的理解和对学情准确把握的能力。如果要总结武凤霞课堂教学所包含的技术性要素,可以体现在以下几个方面:

(1)课前准备。武凤霞在正式上课前喜欢给学生提供几组词语或成语。看似随意,实则精心,是为正式上课做准备、做铺垫,有利于丰富学生的语言,变消极语汇为积极语汇。

(2)教学导入。导入环节的关键是让学生入境。根据文本的特点,或从课题导入,或从内容导入,旨在拉近学生与文本的距离、与教师的距离。

(3)有坡度的研读。武凤霞的阅读课一般从内容和形式两个方面去体现。不同文体的课文教学的策略亦不同,诗歌教学重表现意象,教学侧重有层次的诵读,从读正确到读出节奏,再到有表情地朗读。每一遍都目的明确,旨在体会诗歌的韵律美以及诗歌所蕴含的情感。记叙文和散文的教学则侧重有层次的研读,从初读感知课文内容,深读感受课文的意蕴和精髓,品读领悟课文的匠心独具。

(4)升华与运用。根据文本的特点,或扩展文本资源,升华文本;或鼓励学生在文本学习的基础上,用心灵去倾诉和表达。

第五节　主题教学流派

一、主题教学的基本理念

1.语文教学的"三个超越"

第一,学好教材,超越教材。"用教材教而不是教教材。"语文学习重要的在于高品位的阅读和积累,教师应当有意识地扩展阅读内容,在尊重教材的基础上,积极审视和批判教材,科学地处理加工,准确地自选教材,大胆对现行教材进行增删取舍,甚至将读书的视线从课文引开去,使学生在书籍的人文熏陶中建构精神世界,形成健全人格。

第二,立足课堂,超越课堂。"以社会当课堂而不是以课堂当社会。"学好语言不仅在课堂,生活也是语文学习的大课堂。将语文引向自然,引进社会,引进生活,引进时代,着眼语文与生活的密切联系,从而拓展学生的生活领域,扩大学生的视野。超越课堂,不仅要把语文从课堂延伸到学生的生活中,还要触及他们的心灵。只有这样的语文学习,才能为他们身心的健全发展,为他们终身学习和精神成长奠定坚实的基础。

第三,尊重教师,超越教师。语文绝不是只依靠教师就能学好的,而是需要学生从鲜活的文字中感悟到独特的情感,从平凡的生活中感悟到高尚的情操。教师要相信自己教给学生的和学生教给你的一样多。教师和学生在语文课堂一道成长,才是真正的教育和理想的学习。要学生超越教师,就要把思考、发现和批判的权力交给学生,要给学生一个喜新厌旧的头脑,而不是接受教师的答案。超越教师的过程,是学生独立思考、独立判断的过程,是教师和学生思想碰撞和观点交锋的过程,是追求真实、探求真知、献身真理的过程。

2. 从"三个超越"到"主题教学"

课堂教学是教育的主要阵地,是实施教育的主渠道。为了寻找让学生在较短的时间内有效地提高语文素养、积累智慧和情感的教学方式,进行了广泛阅读并深入思考,同时借鉴西方统整课程理论以及比较文学中的母题研究,最终提出"主题教学"。

什么是主题教学? 就是"要从生命的层次,用动态生成的观念,重新全面认识并整体构建课堂教学。简单地说,就是围绕一定的主题,充分重视个体经验,通过多个文本间的碰撞交融,在强调过程的生成性理解中,实现课程主题意义建构的一种开放性教学"。主题教学以人文性为线索,兼顾语文知识和能力以及思维发展等方面,将语文教材零散的甚至单一的内容和形式重新作一番统整,让语文教学紧紧地统一在主题创设的情境中,从整体上着重于人性的开发与启蒙,认识生命个体的尊严、价值与美好,建立人与世界和谐美好的联系,培育对生命的尊重,对审美的追求。每一个"主题"就是孩子精神成长的脚印,并构成学生的成长道路,成为其人生轨迹。

这里的"主题"是连接着孩子精神世界、现实生活或者与历史典故、风土人情等有关的触发点、共振点和兴奋点,如诚信、家乡、邮票、朋友,以及对自然的关爱、对弱小的同情、对未来的希冀、对黑暗的恐惧等。借助于主题,在学生入情入境的情况下进行语言的学习推敲,最终深化情感,磨砺思想,既避免了语文学习的枯燥,感受到语文学习与自己生活的息息相关,又引导学生亲近母语,关注文化,在熟悉的生活中寻找语言文化厚重的根基。

二、主题教学的课堂教学模式

主题教学基本的操作框架是:话题切入—探究文本—比较拓展—连

接生活—升华自我。但这个框架是开放的,因为主题内容的选择是多角度的,结构是灵活多样的,其教学模式也应该是灵活多样的。教师可以根据教材提供的主题单元,或者自己建构的主题单元,挖掘主题内涵,结合相关语文知识灵活地创意、规划、实施。实施过程中必须注意这样几个方面:

首先,把握主题是关键。主题并非只是课文要表现的主题思想。主题可以是一个话题、一种情景、一种场景……如《圆明园的毁灭》,教参中的主题是“表达了对帝国主义的憎恨,要雪我国耻,振兴中华”,在大量阅读相关文章的基础上将该文的主题落在“毁灭”上,引导学生“走近圆明园”“走进圆明园”“走出圆明园”,思索“圆明园毁灭的究竟是什么”“必须毁灭的是什么”“永远也毁灭不了的是什么”。围绕这一主题,通过与多个文本的碰撞,引起学生深层次的思考。

其次,尊重教材,立足教材是基础。在教学程序的安排上,“钻入教材”是基础,“跳出教材”是拓展与深化,前者重认同与理解,后者重“反刍”与应用,遵循着从教材中来,到生活中去的认识路线。主题教学不但在“量”上扩展延伸,还应带领学生就教材的一些内容进行延伸、修改、重组、再创造,让教材成为学生积极发展的策源地。

最后,解构现有文本,围绕主题逐步形成多样、丰富的文本。教《圆明园的毁灭》时,阅读大量与之相关的文章,如吕厚龙的《告别圆明园》、樊美平的《透过圆明园的硝烟》、李仲琴的《由庚子国难看“愤青”的虚火》、袁伟时的《现代化与中国的历史教科书问题》以及李大钊等人写的一些现代诗歌等,并在教学中灵活恰当地选用部分内容,围绕“毁灭”这一主题建构了丰富的文本,使得课堂“动人心魄、荡气回肠”。

第四章　小学拼音教学设计研究

第一节　汉语拼音的教学目标

汉语拼音是小学阶段不容忽视的重要的教学内容。拼音能够帮助识字,加快识字的速度;能够纠正字音,有利于推广普通话;能够帮助阅读,提高学生的阅读能力;能够用于查字典,发展学生的自学能力……汉语拼音已经成为高速度和高效率的代名词,能够为小学语文教学起到减负增效的作用。正因为如此,汉语拼音理应在语文教学中得到应有的重视。

其一,汉语拼音有利于方言区儿童学习标准的普通话。

我国作为多民族、多语言、多方言的国家,语言不通给人们的相互沟通带来了极大的不便。汉语拼音对于推广普通话功不可没。方言地区的孩子可以借助汉语拼音正音学习普通话。现代中国既需要"书同文",又需要"言同语"。还要通过推行民族共同语,克服方言造成的交际障碍。如何使所有地区的学生都能学习标准的普通话?唯一的途径就是加强汉语拼音的教学,充分发挥拼音帮助学习普通话的功能。

其二,汉语拼音是自主识字的有效工具。

学习语言如果仅仅靠口耳传授,会遇到许多困难,容易导致效率低下。汉语拼音是识字的好帮手,既可以借助拼音巩固识字成果,还可以依靠拼音无师自通地学会更多的汉字。学会了汉语拼音,识字的主动权就掌握在了学生的手里,而不是老师的手里。

其三,由受束缚逐渐走向自由世界,在识字量不足的情况下,扩大阅读量,开阔视野。

　　学习拼音,可以及早阅读拼音读物。阅读全文注音的文章,感受语言的优美,感受学习语文的乐趣,开阔视野,及早形成书面语语感。

　　开展汉语拼音教学,首先要考虑的问题就是拼音教学的目标定位。历次语文教学大纲针对小学汉语拼音的学习提出了不同的目标要求,曾经提出过直呼的要求、默写的要求以及拼音帮助阅读的要求。这些年来,小学汉语拼音教学有降低要求的趋势。2001 年颁布的《全日制义务教育语文课程标准(实验稿)》中,提出汉语拼音教学的总目标是:学会汉语拼音。能说普通话。第一学段的目标是:①学会汉语拼音。能读准声母、韵母、声调和整体认读音节。能准确地拼读音节,正确书写声母、韵母和音节。认识大写字母,熟记《汉语拼音字母表》;②能借助汉语拼音认读汉字,学会用音序检字法查字典。

　　作为汉语学习的"拐棍",拼音最重要的是其工具属性及实用价值。课程标准的总目标和学段目标正是这样定位汉语拼音的:汉语拼音是学习汉字的工具,是学习普通话的工具。课程标准对于汉语拼音的定位,并非刻意淡化或是弱化汉语拼音的功能,而是充分考虑了小学生特别是初入学小学生的学习需求和身心特点。

　　对于汉语拼音的这一定位,不乏质疑的声音,其中有一种意见比较典型:小学汉语拼音教学的要求一降再降,如何能够满足信息时代的需求? 确实,汉语拼音的用途越来越广泛,如电脑输入、手机短信,人们的日常生活越来越离不开汉语拼音。但是,具体到基础教育阶段的拼音教学,我们不必要求一步到位,可以遵循逐层递进、循序达标的思路,以熟练掌握汉语拼音为目标,根据不同年段的不同需求,采用分步走的原则,处理好短期目标和长期目标的关系,使汉语拼音教学在不同的年级体现出不同的侧重点。

　　(1)一年级,起步阶段,集中学习拼音,认识字母,学会拼读。通过五周左右的集中学习,完成拼音教学的基本任务,达到保底的要求:能读准声母、韵母、声调和整体认读音节;能准确地拼读音节,正确书写声母、韵母和音节。这一阶段呈现出来的特点是,学生对汉语拼音的掌握情况不一,有的熟练,有的欠熟练;有时还会混淆,经过思考才能更正。但是,学生已经可以借助汉语拼音这一工具识字,进而阅读了。

(2)一年级下学期至二年级,初步运用阶段,在运用中巩固,逐渐达到熟练拼读。这一阶段的主要任务是在不断运用中复习、巩固拼音,充分发挥汉语拼音帮助识字的作用。

(3)小学中高年级,学习使用拼音输入法录入汉字,满足信息社会对汉语拼音程度的要求。有条件的学校或班级,可以让学生试着把自己的习作输入电脑,引导学生在练习输入汉字的过程中不断提高运用汉语拼音的水平。

孩子能够认读拼音,准确读出音节,其认知水平是"再认";让孩子运用拼音输入法录入汉字,孩子必须能够确切地回忆起音节,其认知水平是"再现"。到了高年级,学生对拼音的掌握已经越来越熟练,在这个时候提高汉语拼音的学习要求,引导他们完成从"再认"到"再现"的认知飞跃,学生已经有了很好的基础和条件。另外,让学生将习作输入电脑,承担的是有实际意义的学习任务,孩子在做中学,在有实际需要的时候学,在有了一定的自我调控能力和强烈学习动机的时候学,效率会大大提高。

因此,应该将拼音教学贯穿在整个小学阶段的语文教学中,在把握汉语拼音的目标要求上,处理好短期目标和长期目标的关系。特别是起步阶段,要根据小学汉语拼音教学的实际需要,制定恰到好处的学习目标。将目光放长远,看学生的长远发展,而不是将所有的内容都集中在起步阶段,期待一蹴而就,试图毕其功于一役,无谓地增加初入学小学生的学习负担。较之一开始学习拼音的时候就要求学生默写音节、给汉字注音等拔高要求的做法,分步走的措施是符合实际、切实可行的,既能够在起步阶段满足学生学习语文的基本需要,又能够使学生最终都能够达到信息时代对汉语拼音程度的基本要求。

具体到设计每一节课的课堂教学目标,应该为汉语拼音教学的总目标服务,结合学习需求,进行任务分析,恰当地选择教学目标并进行准确的语言表述。

(1)教学目标要准确

准确把握汉语拼音集中学习阶段的教学目标:能读准声母、韵母、声调和整体认读音节;能准确地拼读音节;正确书写声母、韵母和音节;能借助汉语拼音认读汉字。在不拔高要求的前提下高效实施教学。

关于声母和韵母的教学,主要从音和形的角度设定目标:①读准音:把声母或复韵母的音读准确,以正确拼读,帮助学习普通话;②认清形:即把音与形对应起来,见其形知其音;③正确书写:在这里,"书写"的含义是抄写,而不是默写。

在学习拼音的起步阶段,并不要求运用拼音,如默写拼音,给汉字注音等,只是要求准确拼读音节,借助拼音认读汉字。在这一阶段,关于标调规则的教学,可以学习标调歌,让学生初步了解汉语拼音是如何标调的,为学生今后熟练地掌握和运用汉语拼音打下基础。但是,在这一阶段不应该要求每一个学生都掌握标调规则,并运用标调规则给音节标调,给汉字注音。这样的目标对于一年级的学生来说是不必要的。有人提出,低年级学生在写话的过程中,如果有不会写的字,可以用拼音代替,但是现在拼音教学的要求降低了,拼音不会写,音调不会标,学生怎么能够自如地运用拼音呢? 其实,"可以用拼音代替"只是一个提供给学生的建议,只供有条件、有意愿的学生参考,而不是对所有学生做出的硬性规定,不应把写拼音作为所有学生必须达到的、"一刀切"的要求。另外,汉语拼音在低年级学生的书面表达中,只是一个暂时的替代品,虽然很多学生在这一阶段还不能自如地运用拼音,但是,随着年龄的增长、学习能力的增强,学生在大胆表达、独立运用的过程中,在自行纠错、不断调整的过程中,拼音的熟练程度和运用水平会不断提高。

(2)教学目标的主体是学生

教学目标反映的是学习者在学习中所发生的本质变化,即教学完成时学生能做什么,是学生学习所达到的学习结果。在目标的表述中,所缺省的主语应是教学对象,即"一年级的小学生",不宜从教师施教的角度表述目标。教学目标中罗列的不是教师的教学行为,不是教师应该在教学中做什么,而应该是学生的学习行为,是学生学习结果的呈现。

另外,教学目标呈现的应该是学习的结果,而不是学习的过程,"学习……""练习……"等形式的表达,展现的是学习的内容和学习的过程,作为教学目标提出来也不妥当。

(3)教学目标要明确、具体,有针对性

教学目标应明确、具体,其表述主要应使用行为动词,能够被观察、被测量,具有可操作性。如"能读准 b 与复韵母组成的音节","能说出带有 ui 和 iu 的音节的标调规则"。而一些语义模糊的表述,如"感受""了解""领会""掌握",不可观察,不便把握,给教师分析教学任务和监控教学行为带来很大困难。

另外,教学目标还应该有针对性,针对本课教学提出切实可行的、可检测的目标。与之相关联,在教学过程中安排为了达到教学目标所采取的具体教学策略,以及如何检测是否达到教学目标的评价手段。在教学目标中应尽量避免提出空泛的、一般性的、没有针对性的、没有操作性的目标。对于方法、习惯、个性品质等类型的目标,具体到某一课的教学目标设计,应将这些目标细化、具体化,与本课的教学内容联系起来。

第二节 汉语拼音的教学内容

一、小学汉语拼音教学内容的特点

课程标准对小学汉语拼音的教学内容做出了较为详细的规定。小学语文教材以课程标准为依据,在选择教学内容的时候,并不是机械地将《汉语拼音方案》系统地传授给小学生,而是根据小学生学习拼音、使用拼音的需要,根据小学生的身心发展特点,对《汉语拼音方案》采取了一定的教学变通措施,如引入介母的概念,用三拼音的方法教学拼音,以避免记忆大量复韵母;将 Y、W 两个特殊字母与其他声母归为一类,以简化教学头绪;引入整体认读音节的概念,以避免教学复杂的加头母和换头母的拼音规则。小学阶段的拼音教学,为了多快好省地达到目标,简化了关于拼音规则的知识,以小学生更容易理解和接受的方式,引导学生学会拼读音节,进而借助拼音学习汉字,帮助阅读。多年的教学实践证明,小学语文教材对于拼音教学内容的精心选择和重新组织,适合小学生的认知水平,能够达到学拼音、用拼音的目的,能够满足学生今后使用汉语拼音工具的需要。

自 2001 年课程改革以来,拼音教材中的教学内容发生了很大的变化,各版本教材中,集中学习拼音的阶段都不再是单纯的字母和音节的学习,拼音教学内容呈现出越来越丰富的特点,教材的结构体系、内容编排和呈现方式等方面,都与以前有了明显的不同之处。

汉语拼音教材中的教学内容有以下几个鲜明的特点。

1. 教学内容更加综合

在小学生学习语文的起始阶段,除了字母和音节的学习外,大多数教材都安排了识字的教学内容,有的教材还安排了词语、句子、儿歌等教学内容。在集中学习拼音的阶段,就开始引导学生使用拼音帮助识字,借助拼音尝试阅读,字母和音节不再是拼音教学阶段的唯一内容,拼音教学也不再是单纯的拼音知识的教学和操练。在选择教学内容的时候,将汉语拼音的实际运用放在首位,突出汉语拼音架设口语和书面语桥梁的作用,把学习拼音、认识汉字、积累词语、发展语言、培养观察能力等诸方面有机地结合在一起,为学生的自主学习打下基础,体现全面培养语文素养的教育目标,使学生初入学就受到比较全面的语文启蒙教育,为他们今后的学习和生活打下坚实的基础。

这种综合的内容编排,为教师教学提供了更为丰富的课程资源,也体现出较大的弹性空间,既照顾到没有拼音和识字基础的学生,为他们提供保底的教学内容,又给基础较好的学生提供了更多的发展空间,使所有儿童都能体验到学习语文的自豪感与成就感,感受成长的愉悦。教学内容丰富有趣,同时具有很强的实用价值,为教师和学生提供选择学习内容的空间,有利于幼小衔接、平稳过渡。

2. 教学内容更加贴近生活

在教学内容的选择上,注重语文与生活的联系,关注儿童的生活,调动儿童的生活积累,最大限度地贴近儿童的口语实际和认识水平,引导学生借助生活经验学习拼音,并且在生活中巩固和运用拼音。教材中音节的选择、练习的设计都在努力体现这一理念。

(1)联系生活学习拼音

在初学字母和拼音的时候,尽可能地借助学生熟知的事物,帮助学生掌握正确的读音。人教版教材的《b p m f》一课中,借助"猪八戒"和数字"8"学习 bā 的音;借助"拔萝卜"的图片学习 bá 的音;借助"打靶"的图片学习 bǎ 的音,至于代表 bà 音的事物"大坝",是许多学生并不熟悉的事物,恰好可以借助新学习的拼音认识事物。拼音与学生的生活紧密地联系起来,使学习拼音与认识事物相辅相成,相得益彰。

(2)联系生活巩固和运用拼音

教材中安排了很多有趣的活动内容,关注学生的生活经验,打通书本世界与生活世界的界限。如人教版拼音教材复习二的"我会想哪些同学的姓里有下面这些声母",通过这样的练习设计,引导学生在生活中巩固拼音,把教师的教学引向开放,把学生的学习引向生活。人教版拼音教材复习四的"秋游你想带什么",学生联系生活实际复习巩固拼音,同时锻炼独立生活能力,树立"做自己生活的主人"的主体意识。

(3)教学内容更加关注人文

有人认为,在语文教学中,年级越低,工具性更强,随着年级的升高,人文性越来越强,人文性在小学阶段特别是小学低年级可以不加考虑。但是事实上,语文教学的工具性和人文性密不可分,不具有鲜明的年段特点。一年级起始阶段的语文教学,就要开始树立人文意识,在任何时候,语文学习都不只是知识的学习,要在掌握语文工具的同时,强调文化的传承,潜移默化地陶冶情操,要使学生通过语文学习成人,而不仅仅是成才。

如果忽略了语文教育的这一特性,在教学内容和教学策略的选择上就有可能出现偏差。如有的教师在教学 j、q、x 和 ü 相拼 ü 要去掉两点这一拼音规则时,为孩子编写儿歌帮助儿童记忆:"j、q、x,真淘气,见到鱼(ü)眼就挖去。"从知识传授的角度来看并无不妥,同样可以通过孩子感兴趣的方式帮助学生掌握拼音规则。但是,这首儿歌在价值观的培养方面却存在着相当大的偏差。如果使用"小 ü 小 ü 有礼貌,见到 j、q、x 就脱帽"这样的儿歌来引导学生学习这一拼音规则,效果就会大大不同。要让学生从一开始学习语文,接触到的就是真善美,感受到的就是浓浓的情和深深的爱。

汉语拼音教材中的内容选择,不只有工具的一面,同时具有丰富的人文内涵。拼音教材通过优美的图片和富有感染力的文字,使学生在初入学的汉语拼音学习阶段,就开始潜移默化地受到情感、态度、价值观的熏陶感染,而不再仅仅把拼音作为机械操练的工具来学习。人教版教材的《zh ch sh r》一课,教材中安排的情境图是公园的早晨,学生在发展口头语言、巩固汉语拼音、认识汉字的同时,深深地感受到了生活的美好。无须教师赘言,一幅美好的画面在学生面前展开,积极向上的人生态度在学生的心底埋下了种子。人教版教材的《ai ei ui》一课,很简单的一个句子"你栽树,他培土,我去提水",既大容量地巩固了本课和前面几课学习的拼音,又通过图片和文字渗透了现代社会必不可少的合作意识。

二、小学汉语拼音教学的内容模块

新的时代赋予汉语拼音教材以更为丰富的教育内涵。下面结合人教版、北师大版、苏教版等几个版本的拼音教材编排,具体分析小学汉语拼音的教学内容:字母与音节;拼音的书写;汉语拼音教学阶段的识字;汉语拼音教学阶段的阅读;大写字母和《汉语拼音字母表》。

1.字母与音节

声母、韵母、整体认读音节是目前小学拼音教学的常规内容。这些教学内容相对稳定,也得到了广泛的认可,但最为棘手的问题是:这些看似枯燥的教学内容应该如何呈现以符合儿童的心理发展特点? 使拼音字母形象化,是解决这一问题的不二选择。教材中大量使用贴近儿童生活实际的图片,将抽象的字母转化为学生形象可感的生活,充分调动学生的生活积累,借助学生的已有经验学习拼音。

借助图画学习字母,有两种编排方式。最为常见的是单幅的表音示形图,也就是一个字母对应一幅图片。在这些图片中,有的表音,有的示形,有的既表音又示形。其价值在于,通过形象的方式引导学生记忆拼音,同时培养儿童的观察能力,发展儿童语言,增加学习的趣味性。

北师大版拼音教材中配合字母学习的图片,采用的都是画面简洁的表音示形图。

除了这种单幅的表音示形图外,近些年来,教材中还创造了全新的情境图,将诸多内容整合在一幅图中,辅助学生学习字母和音节。

苏教版教材中的情境图,主要用于引出要学的字母,使学生感悟到汉语拼音字母的音与我们的日常生活有着密切的联系。

人教版教材中也设计了一部分情境图,画面的内容除了可以引出要学的字母外,还同时提示字母的音和形。

除了大量借助图画帮助学习拼音外,教材还对字母和音节的呈现方式进行了精心的设计。

(1)字母的呈现

人教版、北师大版和苏教版的教材,对每课要求学习的新字母,都采取了加大字号的方法突出显示。另外,人教版拼音教材中,把声母排成蓝色,韵母排成红色,整体认读音节带有紫色底框。通过不同颜色的视觉刺激,帮助学生区分声母、韵母和整体认读音节。

（2）音节的呈现

以前的拼音教材中，安排了大量的射线状的拼读练习，体现出的教学理念是：通过大量的音节拼读，帮助学生熟练掌握拼音。现在，这种状况正在悄然发生变化，不同版本的教材中，音节以不同的方式呈现出来，体现了不同的编排思路。

如人教版，大都以一个音节为例呈现音节拼读的过程和结果，在这一音节下面再提供与之相关或类似的音节。不再采用以往那种射线状的音节拼读，而是让学生在读出拼音的时候就可以直观地看到实际拼出的音节，提供机会让学生和音节多次见面，不断增加拼读的熟练程度，有利于今后更有效地发挥拼音帮助识字的作用。

北师大版非常强调带调拼读，教材中要求拼读的都是带调的音节，并且大都有汉字与之相对应。

在拼音教学阶段，作为教学内容的音节和音节词，都应该来源于学生的日常生活，与学生的口语发展紧密相连，不宜将没有实际意义的语素或学生不易理解的词语作为教学内容。学生拼读出音节，就立即能与自己的已有知识经验产生联系，这样的内容才有助于学生的拼音学习。相反，如果教学中选择的是学生不熟悉的、需要教师额外讲解词语含义的音节，会给学生增加不必要的负担。在这一阶段，应该充分利用学生的口语词来学习拼音；在学生学会拼音之后，再借助拼音来学习新的词语。

2. 拼音的书写

课程标准中第一学段目标中谈到的汉语拼音的书写，是指抄写，而不是默写。

人教版教材中的拼音书写安排在集中学习拼音的阶段，与学习拼读同步安排。将字母安排在四线格中，并呈现字母的书写过程。在复韵母学习阶段，并不是每节课都有书写拼音的内容，在某些课里提供了音节词的书写练习。

苏教版教材中的拼音书写,除了在四线格中呈现字母的笔顺分解外,还在四线格上以较大的字体呈现字母的书写顺序。

北师大版教材的拼音书写不提供书写过程的内容,只是在四线格中呈现本课学习的字母。

书写拼音的教学内容,在教学中应该把握到什么程度?将书写的字母安排在四线格中,最重要的作用是给学生提供字母之间的大小比例关系,使学生通过观察了解字母的形体,尽量根据比例关系把字母写整齐。在具体实施教学的时候,教师引导学生大体了解字母在四线格中的位置即可,不必对学生要求过度。例如,某个字母的起笔应该在上格的正中间,不可以偏上或偏下。其实,从上面引用的几个版本的教学内容中可以看出,不同字库中字母的形体不尽相同,字母在四线格中的位置也并不需要十分精确。书写拼音在这一阶段并非重点,无须过于追求精确的字母位置,追求书写的漂亮美观,只要学生能够正确抄写即可。教师在教学的时候,要考虑拼音书写这一内容在拼音教学中的地位,做好时间分配,把握好指导书写的度,把握好拼音抄写的量,不宜过多地将时间花在书写上,而要把主要精力集中在学生的准确拼读上。

3. 汉语拼音教学阶段的识字

三个版本的教材都安排了识字的教学内容,体现课标所倡导的"学习汉语拼音要与识字相结合"的指导思想。在集中学习拼音的阶段,把学拼音和识汉字结合起来,直接体现汉语拼音的工具价值,实践证明是切实可行的。

人教版教材只安排要认的字,这些字从每课的词语、句子和儿歌中提取,所有要求认的字的音节都是由学过的字母组成的,学生可以借助拼音学习字音,凭借词语、句子、儿歌的语境理解字义,使汉字的学习与拼音的学习有机地融为一体。学习《b p m f》一课,在掌握拼读要领之后,学生可以借助新学习的拼音自己认识"爸、妈"等汉字。学生学了拼音,就能立即帮助认识汉字;如果学生以前认识这个汉字,可以借助汉字帮助识记拼音;拼音与识字相得益彰,协同发展。从一开始就强调拼音的实用价值,使学生感受到学习拼音的用处,激发起强烈的学习愿望。

苏教版教材采用的是拼识同步、双线并进的方式,将拼音、识字交叉起来安排。要求认的字集中安排在每个拼音单元的后面,采取韵文的形式编排。

北师大版教材的拼音内容,没有安排在小学语文教材的起始阶段。在一年级上册教材中,汉语拼音的内容集中安排在第五至八单元,在此之前的四个单元里,先安排学习一些常用字,阅读一些短浅的文章。汉语拼音学习阶段名为"字与拼音",不但安排要求认的字,还安排要求写的字。

4. 汉语拼音教学阶段的阅读

专注地学习拼音,集中精力打歼灭战,以求得牢固地掌握拼音这一工具,这是编排拼音教材的传统思路。但是,这样做并非没有弊端——学生入学后的一个多月时间里,整天与拼音字母打交道,不明就里地学习这些生活中并不常见的字母,学生不知为何而学,体会不到学习拼音的意义所在。

近年来的语文教材编排,开始尝试将阅读的内容纳入集中学习拼音的阶段,并且逐渐成为一种趋势。例如,人教版教材采用了由易到难的内容排:前几课借助拼音读词语;之后几课借助拼音读短语;最后几课借助拼音读句子;其中所有的音节都是学生学过的,都可以由儿童自己拼读出来。不但有助于巩固拼音,熟练拼读,而且学生可以充分利用刚刚获得的拼音知识,及时运用于实践。另外,在人教版教材中,还从《d t n l》一课开始,每一课都安排了儿歌。每首儿歌里都有本课新学的音节,并对新的音节作了标红处理。学生在复习音节、巩固拼音的同时,体会学习拼音的价值,感受学习拼音的乐趣。教材中选择的这些儿歌富有童心童趣,有丰富的人文内涵,在发展学生语言和培养学生正确的价值观方面也有其独特的价值。

　　在集中学习拼音的阶段,引导学生及时运用拼音帮助识字,进而帮助阅读,在具体的语言环境中学习拼音、运用拼音。学生刚刚学了音节,就能学以致用,使学生体验到阅读的乐趣,感受到语文学习的快乐。在学习拼音的几个星期里,学生从一开始只能借助拼音认读几个汉字到可以借助拼音认识更多的汉字,直到最后可以借助拼音读出整首儿歌,在这一过程中,体验着由完全不能独立阅读逐渐发展到可以独立阅读拼音读物,从不自由逐渐到自由的巨大成就感,可以有效地激发学生的学习动机。

　　5.大写字母和《汉语拼音字母表》

　　《汉语拼音字母表》是小学拼音教学的重要内容。语文课程标准针对低年级的学段目标有如下表述:"认识大写字母,熟记《汉语拼音字母表》。"这是二年级结束之前所有学生应该达成的基本学习目标。

　　拼音字母表是音序查字法的重要前提。学习字母表,是为学习音序查字法做准备的;熟记字母表,是为了提高音序查字法的速度。各版本的小学语文教材,都安排了认识大写字母和学习《汉语拼音字母表》的内容。

　　(1)人教版教材

　　将大写字母和《汉语拼音字母表》的学习安排在一年级下册的"语文园地五"。将学习内容安排在"读读背背"这个栏目中,以大小写字母对照的方式呈现。

　　关于编排思路,在教师用书中有如下提示:"读读背背"主要是帮助学生掌握《汉语拼音字母表》,为学习查字典打基础。学生已经学会汉语拼音,教学指导时可先让学生读读小写字母,再对应认识大写字母。识记大写字母是教学重点。

　　另外,教师用书还建议学生学唱《字母歌》,以帮助记忆字母顺序,但是未提及在学唱《字母歌》的时候是采用字母的呼读音还是字母的名称音。

（2）北师大版教材

大写字母和《汉语拼音字母表》的教学安排了两次,分别在二年级下册的第二单元和第三单元。

第二单元"认一认",呈现大小写字母对照表,并提示"字典中的字条是按音序排列的"。教师用书中的指导如下:尽量自学,不必书写;大写字母及其顺序需要在应用中反复实践才能掌握,教学中没有必要在这个环节停滞很多时间。

第三单元则以"唱一唱,背一背"的形式,在教材中呈现拼音歌,以小写字母加简谱的形式,引导学生学习字母顺序。

另外,还给出一个计算机键盘图,要求学生"在键盘上认一认大写字母"。教师用书中写道:其安排意图是复习巩固大写字母,加强使用电脑的意识。

这两个单元的分工是:第二单元先认识大写字母,把大写字母和小写字母对应起来;第三单元的学习要点是记住大写字母的顺序,为学习音序查字法打基础。教师用书指出,"不必教字母名称"。

（3）苏教版教材

将大写字母和《汉语拼音字母表》的学习安排在二年级上册的"练习一"。

苏教版也是采用大小写字母对照的方式呈现汉语拼音字母表。

在教师用书中,标示了26个字母的名称音,并且说明,在认读字母的时候,可以用它们的呼读音,也可以用它们的名称音。

教师用书中提出,教唱《汉语拼音字母歌》,必须用名称音来唱,以帮助学生熟记字母名称,记住字母顺序。教师用书中提供了由丹路谱曲的简谱版"汉语拼音字母歌"。

可以看出,对于大写字母表和《汉语拼音字母表》这一教学内容,各个版本都给予了重视。关于"认识大写字母",大家的理解比较一致,即在小学阶段的教学要求是认读、辨识大写字母,而不要求掌握、运用。但是,对于"熟记《汉语拼音字母表》",大家的理解并不完全一致,特别是在是否教学字母的名称音这个问题上,还存在较为明显的分歧。

以上主要以人教版、北师大版和苏教版的教材为例,分析了小学汉语拼音的教学内容。各个版本的教材都遵循了课程标准的目标要求,但是在具体的教学内容的选择和呈现上,体现了不同的编排思路,呈现出不同的面貌和风格。教师在设计课堂教学的时候,应该把握所教教材的突出特点,并根据学生的实际情况对教学内容进行大胆取舍,突出重点和难点,充分发挥教材的特点和优势。

第三节　汉语拼音的教学策略

汉语拼音的教学策略选择,应该从汉语拼音的特点出发,遵照小学生的身心发展规律,为达成汉语拼音教学目标服务。

一、选择恰当的教学方式,让学生在游戏和活动中成长

语文课程标准针对汉语拼音的教学,提出以下具体建议:"汉语拼音教学要尽可能有趣味性,宜多采用活动和游戏的形式,应与学说普通话、识字教学相结合,注意汉语拼音在现实语言生活中的运用。"

汉语拼音在游戏中学,在活动中学,是初入学儿童的心理特点所决定的。拼音阶段游戏和活动的教学方式,与幼儿园阶段的教学方式一致,可以使学生平稳地从幼儿园过渡到小学阶段的学习,顺利完成小学生的角色转换,帮助解决幼小衔接的难题。

这些年来,汉语拼音的学习已经不再是枯燥的朗读和记诵,教师们创造了大量适合学生年龄特点的游戏活动,引导学生在丰富多彩的游戏活动中学习拼音,取得了很好的教学效果。仅举几例游戏活动如下:①当小邮递员。在信封上用拼音写上班级同学的名字,让学生当小邮递员,把信封送到同学的手中。②打扑克牌。学生将声母和带调的韵母制成扑克牌,每个声母和带调韵母分别制作一张牌。同桌的学生分别拿声母和韵母的扑克牌,两个学生同时出牌,谁先拼出两张扑克牌组成的音

节,这两张扑克牌就归谁。以上两项游戏活动,以有趣的形式融入大量的音节练习,可以有效地帮助学生提高拼读音节的能力。③表演儿歌。学生边唱儿歌,边与同桌一起做动作:"右下半圆 b b b,左下半圆 d d d。b d 对坐笑呵呵,我们都是好朋友。"这首儿歌的前两句描述了字母 b 和 d 的字形特点,但是因为很多 6 岁的孩子还分不清"左"和"右"这两个概念,所以即使能够记住这两句儿歌,也不一定能够分得清这两个字母。但是儿歌的后两句将两个字母放在一起,形成"b d 对坐笑呵呵"的画面,学生在表演动作的同时,能够形象地记忆 b 和 d,有效地辨析这两个形近字母。

需要注意的是,好的游戏活动应该是学生喜闻乐见的,同时更应该是省时高效的。一个设计精妙的游戏活动,不仅在于学生参与的积极性有多高,也在于其是否有丰富的内涵和实际的效果。打算在课堂中开展的游戏活动,教师可以事先进行分析,对学生的参与程度、游戏的知识含量、游戏开展的时间效率比等方面进行全面的评估,思考并回答以下几个问题:这个游戏的目的是什么? 这个游戏需要开展多长时间? 有多少学生能够参与到这个游戏中来? 他们的角色分别是什么? 学生在游戏过程中的收获有哪些? 这样可以避免开展那些费时低效的游戏活动——学生看似"动起来"了,却在游戏的过程中没有什么收获。

二、紧密联系学生生活,彰显汉语拼音的实用价值

汉语拼音源于实际生活,所有的音节都存在于我们的日常语言之中。这是一个非常有利的教学因素。在教学时,要着眼于汉语拼音的运用,关注学生的生活实际,想办法激活儿童的生活经验,调动儿童的生活积累,使抽象枯燥的拼音符号变得具体生动,使汉语拼音的学习生活化,将学生生活中丰富的语文课程资源利用起来。

拼音的学习,要与学生的口语实际相联系,与学生的生活经验相联系。要关注音节的实际意义及其与学生常用口语词的对应关系,让学生在读音节的时候能够与自己的生活经验建立联系,能够唤起实际意义,

在脑海中浮现形象。因此,在教学中宜大量增加带调音节的拼读,开展与学生的生活世界紧密联系的活动。如《b p m f》一课,可以让学生拼读带调音节,并顺势做"拨""泼""摸"等动作。《d t n l》一课,可以借助"梨""踢""拿""打"等有实际意义的名词或动词学习或巩固音节。又如,在拼读了 dā、dē、dǐ、dū 几个音节之后,可以引导学生想一想:什么声音 dā dá dǎ? 什么声音 dē dé dě? 什么声音 dǐ dǐ dī? 什么声音 dū dū dū? 可以让学生用带调音节组词或造句,赋予音节以意义。如果音节仅仅是一个没有意义的符号单独存在,很难激发学习兴趣,学生难以识记而且容易遗忘。相反,如果把音节放在具体的语言环境中,拼音学习就成了有意义的学习,有利于激发学习兴趣,有利于学生保持长久记忆。

在学生已经初步学会拼读以后,更要避免无意义音节的反复操练,特别是无对应汉字的"死"音节,如 nūē něng。要避免纯书本知识的学习,避免陷入读读背背、抄抄写写的怪圈中,给学生提供大量有实际意义的拼音实践的机会,珍视"学生生活"这一最重要、最丰富,也是最有效的课程资源,引导学生在生活中学习,在实践中提高。

三、体现弹性设计,恰当运用教科书中的课程资源

近年来,越来越多的孩子在入学之前通过各种途径学习汉语拼音。所以,初入学儿童的拼音基础参差不齐:有的一点儿也不会;有的虽然学过,但是读音不是很规范;有的孩子则掌握得相当好。这种情况给小学拼音教学带来很多困扰:学生程度不一,教师难以开展教学;有的学生因为学过拼音,在拼音课堂上难以产生认知矛盾,进而对语文课失去兴趣。

基于对客观现实的考虑,教师在开展拼音教学之前,可以为学生进行细致的前测,了解每一个学生的实际语文水平,并在此基础上进行幼小一体化设计。不只在教学形式上,以游戏活动为主,体现幼小衔接;在教学内容的选择上,也从学生的实际情况出发,让每个孩子都能够在原有的基础上有较大的发展空间。

目前,拼音教材编排的综合性趋势日益显现,为不同程度学生的学

习提供了更多的选择余地。但是,在教学中要恰当地运用教科书中的课程资源,不可以眉毛胡子一把抓,不切实际地要求学生在各方面都达到较高的要求。

下面仅以情境图和儿歌为例,谈谈怎样有效地运用教材。

(1)情境图的运用。情境图不但可以帮助学习汉语拼音,还可以发展观察能力,发挥想象力,促进思维发展,促进口语能力的发展。应该说,教材中的情境图不只是拼音教学的背景材料或辅助材料,它本身也是教学内容的一个组成部分,对于学生语文素养的提高有着极大的帮助。在教学时,教师要有意识地挖掘其中丰富的教育因素,使学生在学习拼音的过程中得到全面的发展。例如,教学人教版《i u ü》这一课的情境图,可以让学生找一找图中的哪些部分和字母的形相似,通过观察画面,说出本课要学的字母或音节;可以提示学生把带调的音节和口语词联系起来,说一个词或说一句话,进而巩固这些音节;可以用竞赛的形式,如选择一个音节,看谁组词组得多,"乌鸦、乌云";也可以看图说一句话,比一比谁说的句子里面包含本课学习的音节最多,如"阿姨晾衣服","小弟弟在屋前喂鱼"。但是,一定要在充分调研学情的基础上,根据学生的实际情况,考虑借助情境图开展教学活动的深度和广度。如果大多数学生在上学之前没有接触过汉语拼音,那么就应该把课堂的大部分时间花在字母的学习和音节的拼读上。在学生学有余力的情况下,再开展依托情境图的口头表达活动,发挥情境图的多方面功能。只有这样,才不至于因教学内容偏差而导致忽略汉语拼音学习这一最基本的教学目标。

(2)儿歌的运用。教材中安排儿歌的意义在于,引导学生在语境中复习音节,在具体的语言环境中巩固拼音,体验拼音帮助识字、帮助阅读的重要价值。这些儿歌虽然有着非常丰富的教育价值,但是其基本的功能依然是巩固拼音。儿歌不要求达到背诵或是表演读的程度,教师要根据学生的实际情况提出恰当的要求。儿歌中标红的音节是用于巩固拼音的,要让学生自己拼读。在入学一两个星期之后,学生能够拼读的音节越来越多,这时候,可以让学生试着拼读儿歌中所有以前学过的音节,而不只是拼读标红的音节。初入学儿童的发展程度很不一致,丰富的教材内容给所有孩子提供了发展的机会和空间。但是在教学的时候不应平均用力,要对教学内容有所选择,突出教学重点。在教学中,要处理好拼音教学、识字教学、词句教学和儿歌教学的关系。学习拼音是保底的要求,其他内容的教学及其在课堂中所占的时间比例要视学生的发展状况而定。要关注所有学生的发展,体现弹性设计、分层设计,使学生在保底的前提下全面提高。

四、树立全局观念,不断提高学生汉语拼音的运用水平

小学阶段的汉语拼音教学,教师要有全局意识,不能将汉语拼音教学的阶段性目标当作拼音教学的终极目标,因为在集中教学拼音的阶段,只是完成了拼音教学的基本任务。在整个小学阶段,都要不断地引导学生在语文学习的过程中巩固拼音,提高运用汉语拼音的水平,既不在集中教学拼音的阶段人为拔高要求以至于增加学生负担,也不在集中教学拼音之后让学生的拼音学习放任自流以至于降低拼音教学的效果。

正确的做法是,有意识地引导学生在语文学习中运用拼音,在运用中提高能力。例如,在教学一、二年级的全文注音课文和难字注音课文的时候,可以有意识地加强拼音的练习,鼓励学生独立阅读,借助拼音把汉字读准。当学生读错字音的时候,可以让学生再次借助拼音读一读,而不要急于教师示范或让同学帮助。另外,低年级的课后练习题和考试题都是全文注音,可以充分利用这一有利条件,引导学生利用拼音读懂题目,有意识地增加运用拼音的机会,使学生在学习中处处体会到拼音的重要价值和功能。教师也可以有针对性地进行一些诊断性测试,根据测试中反映出来的本班学生的实际情况,适当调整教学进程,帮助学生巩固一些拼音难点,或是想办法解决一些普遍存在的问题,如进一步区分形近字母:b-d,p-q。另外,还可以通过练习音序查字法和部首查字法巩固拼音。如果在教学中经常使用字典,经常用到音序查字法和部首

查字法,也会促进学生对拼音的熟练掌握。

在学习课文的时候,查字典的时候,引导学生课文阅读的时候,都要有巩固拼音的意识。到了中高年级,如果有条件,可以让学生练习输入汉字,尝试中文信息处理,体验学习拼音带来的乐趣,并且在这些有实际意义的活动中提高汉语拼音的运用水平。

第四节　汉语拼音的教学评价

关于汉语拼音的教学评价,课程标准提出了这样的建议:汉语拼音学习的评价,重在考查学生认读和拼读的能力,以及借助汉语拼音认读汉字、说普通话、纠正地方音的情况。

这一段文字给出了明确的方向,直接指导着汉语拼音阶段的教学评价实施:重在汉语拼音的实际运用能力,而不是汉语拼音的知识或规则的把握程度。

以课程标准的评价建议作比照,我们日常使用的汉语拼音评价存在许多较为普遍的倾向性问题,如拔高要求、以知识为导向、考查方法不当。为使纸笔测验能够真正检测出学生的实际水平,起到改进教学、促进学习的作用,有以下几个方面需要加以关注。

一、评价的出发点是教学是否达成目标

低年级汉语拼音教学最重要的目标在于帮助识字、帮助学习普通话,应以此为出发点设计教学评价的思路。在集中学习拼音阶段结束之后,学生可以准确地拼读音节,就已经很好地完成了起始阶段汉语拼音学习的目标。但是,由于对汉语拼音定位的理解不同以及多年来教师教学存在着巨大的惯性,使得汉语拼音评价普遍存在目标偏差,最为突出的问题就是拔高要求,超标的现象比比皆是,如依然要求学生默写字母表,默写音节,要求学生给汉字注音、标调,考查纯拼音句群、拼音短句,甚至拼音短文。事实上,汉语拼音的学习与识字教学中的认读字相似,

并不需要通过书写来检测掌握程度,而更适合在运用中考查,在具体的语境中考查。实施纸笔测验,不应该因为片面拔高要求而导致学生学得辛苦,教师教得没有信心。以上提到的这些评价内容,不但无助于学生掌握汉语拼音这一工具,反而人为地增加了低年级汉语拼音教学的难度,增加了学生的学习负担,使学生刚入学就对语文学习产生畏难情绪,也使教师因未能达到"目标"而产生挫败感,确实是一种得不偿失的做法。

二、评价的着眼点是实际的拼读运用能力

怎样检测汉语拼音的掌握程度?考查的主要内容不应该是关于拼音的知识或规则,而是实际的拼读能力和应用水平。借助拼音读难字,进行音序查字典比赛,都是很好的办法。一些程度适合的纸笔测试也是简便易行的,如把音节词和相应的事物连线。但是,一些试卷中的内容,如分析音节的构成,要求圈出哪些是整体认读音节,找出三拼音节中哪个是介音,诸如此类的题目偏离了教学评价的正确方向。实际上,介母、整体认读音节等概念,是为了方便小学生学习汉语拼音,小学语文教材对《汉语拼音方案》进行简化和浅化的一种变通处理,是小学语文教学中特有的内容,而不是汉语拼音方案固有的规则。对学生来讲,这些拼音知识在学习过程中有其存在的必要价值,是学生发展拼音能力的先决条件,但是一旦学生拥有了拼读能力,这些内容就不再是要求学生必须掌握的、考试必须涉及的知识。它们很大程度上是作为过程而不是作为结果而存在的。教材中所采取的这些变通措施,是为了使学生尽快地学会拼读;而所有的测查内容,也应该以学生是否可以准确拼读并借助拼音帮助识字为标准,不应该把拼音的测查指向拼音知识掌握得是否牢固,而使学生误以为拼音学习的价值仅仅在于熟练掌握拼音知识。

三、纸笔测验应选择恰当的题目形式

应根据评价的具体目标,选择恰当的题目内容和题目形式。

　　不建议采用尝试错误的方法,如以下音节,谁和谁不能相拼? 不建议呈现并不存在的音节让学生做出选择。又如,给下面的汉字选择正确的读音:外(wài uài)。对学生来说,正确的概念尚未巩固定型,如果再加上错误的干扰,相似的音节会更加混淆难辨。与识字教学的规律相同,应该大力提倡示范(model)的作用,通过多次复现正确的内容巩固所学知识,而不是以正误对比的方式去刻意强调某些易错的地方,因为如果提供错误的内容给学生作对比,结果可能导致错误率更高。

　　除了传统的纸笔测验外,汉语拼音更适合以口头的方式进行评价。口头测试除了可以考查学生的拼读能力,同时考查学生借助拼音学习普通话的能力外,能够更全面地了解学生的拼音水平。以《人教版汉语拼音教学质量测评意见》为例,谈谈可以怎样把握目标,实施评价。

　1.选择恰当的评价内容

　　新课程背景下的考试,在内容方面,要淡化以记忆性内容为主的考试,重视考查学生分析问题、解决问题的能力,关注学生的实践能力。测评意见在这方面体现得较为突出,大力加强了实践能力和应用能力的考查,加强了与学生生活的联系。

　　汉语拼音的考查,以往采用的方式多数是笔试。其结果是,很多学生考试分数很高,但普通话不行,会写不会说,成为"行动上的巨人,语言上的矮子"。这样,实际上忽略了汉语拼音帮助学习普通话的功能,使汉语拼音教学不能充分地发挥应有的作用。《汉语拼音测评意见》要求学生当场拼,当场读,既关注学生是否正确掌握了音节,又关注学生是否能读准音节,在推广普通话方面有着重要的指导意义。另外,以前的考试方式往往是就拼音考拼音,学生不了解学习拼音的价值,因此学得枯燥无味。《汉语拼音测评意见》要求学生认读的不只是一个个孤立的音节,而是赋予汉语意义的音节,使学生深深体会到,拼音可以帮助识字,拼音可以帮助阅读,它是学生了解学习汉语拼音的意义所在,更加激发学好汉语拼音的兴趣。

　　测评意见在考试内容方面的重要意义,还在于它准确地把握了教学的目标要求,凸显汉语拼音帮助识字、帮助学习普通话的工具价值,从考查学生实际的汉语拼音能力出发,摒弃了以往那种对汉语拼音方案穷追不舍、人为拔高要求的题目,对教师平时教学起到指导作用。

　　又如,汉语拼音阶段的识字,测评意见采用在语境中考查识字的做法,而不是孤立地测查每一个字,这样就较好地把握了识字的标高:只要在各种不同的语言环境中认识,就算认识。这样,帮助老师较好地把握认写分开条件下的识字要求,使老师在平时教学时,学生学得放心,老师教得放心,不必再一字一字地深入分析,或要求学生抄写,而导致学习负担过重。

　　2. 选择适合的评价方式

　　测评意见提供的考试方式灵活多样,倡导给予多次考试机会,也较为突出地体现了新课程评价理念。在汉语拼音学习结束之后,如果测评结果不理想,还可以在期末或是自由选择时间再次考查,给学生提供了充分选择的权利和空间。在学期末的测查中,汉语拼音测试中获得五颗星的学生可以免测此项。这样的做法,使学生体会到,考试是为了让自己更好地进步,为了自己更大的发展,而不只是为了与他人排名比较。这样,消除了考试可能给学生带来的恐惧感,使每一位学生都有机会品尝到成功的喜悦,使他们学得更有兴趣,更有信心。

　　3. 恰当运用评价结果

　　考试结果以星级评定的方式来呈现,改变了以往过分注重分数、注重等级的做法,或是简单地以考试结果对学生分类的做法。以等级的评价方式以及老师对考试结果做出的分析、说明或建议,辅之以激励性的评价用语或改进意见,突出了考试评价的激励和调控的功能。这样做,充分体现了发展性评价的基本内涵:评价的根本目的在于发展。就考试而言,淡化甄别和选拔的功能,充分发挥激励和改进的作用。应充分认识到,考试不是为了给学生排队或是区分好坏,而是为了增进对学生的了解,进而改进学生学习,是为了增进对教学的反思,进而改进教师的教学。唯有如此,考试才能正确地发挥它的作用,而不是在课程改革中扮演消极的角色。

第五章　小学识字写字教学设计研究

第一节　单元目标与课时目标的设计

教学是一门科学,也是一门艺术。教学设计,就是为了达到一定的教学目的,对教什么(课程、内容等)和怎么教(组织、方法、传媒的使用等)进行设计,从教学论的角度看,小学语文教学设计就是执教者依据一定的教学思想和理念,为达成一定的教学目标和要求,针对具体的教学对象和教学内容,选择恰当的教学方法、形式和媒体辅助手段,运用科学的方法,对小学语文教学的整个过程及其具体环节、总体结构及有关层面做出的行之有效的规划。教学设计的过程实际就是优化教学的过程。所以说,小学语文教学设计是一种具有特定内涵、有科学的理论支撑的教学应用技术。它也是每一位小学语文教师必须掌握的一门科学、一门技术。

一、汉字的特点与学生识字写字的心理规律

识字写字是语文学习的基础,要提高小学识字写字教学的效率,首先要了解汉字的特点与学生识字写字的心理规律。

汉字是世界上最古老的文字之一,它是记录汉语的书写符号。在形体上逐渐由图形变为由笔画构成的方块形符号,所以汉字一般也叫"方块字"。它由象形文字(表形文字)演变成兼表音义的意音文字,但总的体系仍属表意文字。所以,汉字具有集形象、声音和字义三者于一体的特性。但汉字数量多,结构复杂,信息量大,这给学习者带来了一定的困难。

然而,汉字可以开发智力。日本的森木哲朗先生启发本国青年,认为汉字信息量极其奇妙,它的本身就是一种集成电路。日本幼儿汉字教育专家石井勋说:"汉字记得越多,头脑愈灵活;头脑愈灵活,语言也就愈能记得住。通常能力愈使用愈发达,头脑在幼儿期最需要活动,然而世界上的幼儿教育并没有做到'让孩子动脑筋'的程度,学习汉字是让孩子动脑筋最好的方法。因为,例如由汉字'目'可推知'看',由'耳'可推知'听',他国的文字不能如此(eye 与 see 没有这样的关系),是故,汉字可以培养推理能力,并且愈早起步愈好。""幼稚园的小朋友,从 5 岁教汉字智商达 115,4 岁接受汉字则智商达 125,3 岁开始实施三年的汉字教育智商可达 130 以上。"中国著名的记忆专家王维说:"我们认为,没有任何活动能像文字在开发智力方面达到那样的深度和广度。诚然,许多智力活动都能使孩子聪明起来,但都是局部的、零散的。其效果有一定的限度。而识字可以使知识系统化,并且在此基础上的智能开发是无止境的。"

汉字的学习要建立在儿童一定的言语和心理发展的基础上。儿童是在一定的心理发展水平上学习汉字的,他们要用自己的观察、想象、思维等能力来学习汉字。在学习的过程中,不仅要识记音、形、义这三个要素,还要建立起对这三者的统一联系。尤其是写字,其心理历程会发生更大的变化。写字是大脑、眼睛、手臂、手腕、手指等功能联合协调的活动。初学写字的人是很难顺利进行写字的一系列动作的。一般来讲,学生的写字学习要经历三个阶段:第一个阶段是学习要素阶段,这个阶段是学生初步感受写字的基本要求的阶段;第二个阶段能够感知字的整体,在统观整个字的布局基础上进行书写;第三个阶段是书写达到自动化阶段,可见汉字的识写对于小学生来讲是有一定难度的。

其难点主要表现在以下几个方面:

其一,字形的掌握是学生学习汉字的难点。就从音、形、义来讲,字形的掌握要明显难于字音和字义。有研究显示,字形遗忘率要高于其他两者,学生写字"形错"要高于音近、义混的二倍左右。另外,汉字的形状、度量和空间配置也是掌握字形的难点。尤其是对初入学的儿童来讲，他们的空间知觉能力虽然有了很大的发展，但空间知觉的精确性和分化性水平还不是很高，所以在对字形状、度量和空间配置的感知方面会有困难，这就需要老师的正确指导。学生学习字形时也容易出现一些心理问题，如对字体各部分的左右、上下、正反、里外等的关系，容易弄混、弄错、颠倒。在字形辨认方面，很难对一些汉字的笔画做出正确的顺序判断。一般来讲，初入学儿童识字写字要经历三个心理阶段：第一阶段是对字形各组成部分和音、形、义之间建立模糊联系的泛化阶段；第二阶段是对字形结构各组成部分和音、形、义之间统一联系的初步分化阶段；第三阶段是形成字形结构各组成部分和音、形、义之间统一联系的牢固精细分化阶段。儿童在学习单个字时往往呈现这样一些心理特点，如对字形的辨认是先整体后个别笔画，服从知觉整体性原则，容易漏掉字的细节；在无意注意的状态下，对一个字的知觉一般是左胜于右，上胜于下；对一个字中熟悉的偏旁部首往往会掩盖对生疏部分的学习和认识。

其二，字音的学习也呈现一些心理特点。汉字注音的辨认服从知觉整体性原则；读拼音最重要的是依靠组成音节的形母的外形；前后鼻音混淆、有些复韵母易念错，形母构造越相近，混淆程度越大；影响字音掌握的心理因素主要有听音辨调能力的发展；标准音与方言不一致时，识字的难度在一定程度上也会有所增加；字音掌握的难易与该字词在口语出现的机会有关；学习声调是字音学习的一个重要方面。

其三，字义也是字的主要因素之一。我们知道，词是语言的最小单位，它是概念的体现，具有概括性、指物性等特点，能够标志着某物体的特性、动作、关系等，学生只有恰当地表现出明确的概念时，才算深入掌握了词义，所以掌握词义的过程也是一个极其复杂的思维过程。

小学阶段儿童形象思维的发展要优于抽象思维，汉字的音、形、义比较复杂，而儿童的注意稳定性和有意识记能力都很差，学习时容易感到枯燥，往往会产生厌倦情绪。所以识字写字教学必须遵循儿童认知规律，创设情境，采用多种形式，尽量使枯燥乏味的内容形象化，使抽象的东西具象化,以培养学生的兴趣,调动学生的学习主动性和积极性。

识字与写字教学是小学语文教学的重要任务之一,从语文教学的一般规律来看,识字是阅读和写作的基础。要阅读和作文就必须先识字。从语文教改实践来看,识字教学的重要性也一再得到证明:识字问题解决得好,往往能促进小学语文的改革;识字教学搞好了,可以推动语文各项基本功得到扎实的训练,提高教学效率。《语文课程标准》明确指出"语文应该激发学生的学习兴趣",从兴趣出发,通过过程与方法,培养学生的知识与能力,渗透情感、态度与价值观。

二、识字与写字教学的总体目标简析

小学阶段识字与写字教学的总体目标是:能说普通话;认识 3 000 个左右常用汉字;能正确工整地书写汉字,并有一定的速度,又分学段目标,学段目标有数量的要求,如第一学段"认识常用汉字 1 600～1 800 个,其中 800～1 000 个会写",第二学段"累计认识常用汉字 2 500 个,其中 2 000 个左右会写",第三学段"累计认识常用汉字 3 000 个,其中 2 500 个左右会写"。也有能力的要求,如第一学段"掌握汉字的基本笔画和常用的偏旁部首,能按笔顺规则用硬笔写字","能借助汉语拼音认读汉字。能用音序和部首检字法查字典,学习独立识字";第二学段"会使用字典、词典,有初步的独立识字能力","能使用硬笔熟练地书写正楷字,做到规范、端正、整洁。用毛笔临摹正楷字帖";第三学段"硬笔书写楷书,行款整齐,有一定的速度","能用毛笔书写楷书"。还有情感目标,如第一学段"喜欢学习汉字,有主动识字的愿望","养成正确的写字姿势和良好的写字习惯,书写规范、端正、整洁";第二学段"对学习汉字有浓厚的兴趣,养成主动识字的习惯";第三学段"在书写中体会汉字的美感"。

三、识字与写字教学的单元目标与课时目标

小学语文识字与写字教学的单元目标与课时目标是在总体目标与

学段目标的前提指引下,根据学生的特点与教学的需要设计的。教师在设计单元目标和课时目标时应把握以下几点。

首先,低年级学生应"多认少写"。这不仅符合学生的生理发展特点——低年级学生手指还很稚嫩,少写一些,更有利于学生的正常发育和健康成长。另外,低年级学生多写还可能影响握笔姿势的正确,影响写字的速度,进而影响识字写字的兴趣。低年段要求学生认识 1 600~1 800 个(一年级上册要求认识 400 个生字,一年级下册要求认识 550 个生字,加上二年级上册的 450 个生字和二年级下册的 400 个生字);会写 800~1 000 个(一年级上册要求会写 100 个汉字,一年级下册要求会写 250 个汉字,加上二年级上册的 350 个汉字和二年级下册的 300 个汉字)。中年段要求学生认识汉字 2 500 个,会写 2 000 个左右。这样的识字写字安排,符合学生学习重点与主要任务的变化——阅读与习作的要求开始加强,识字写字的任务逐渐减弱。

其次,"识"与"写"要分开。一年级上册要求认识的 400 个字,都是高频字,可以覆盖日常阅读书报用字的 50%。学生认识前四册安排的 1 800 个字,可以覆盖书报杂志用字的 90% 以上。届时,学生已初步学会了查字典。这就是说,到二年级,学生阅读书报已基本上没有文字障碍了。与以往教材相比,实验本将认字速度差不多提早了一年。这对于提高儿童阅读兴趣和阅读能力,丰富知识,启迪智力,对于日后的学习和一生的发展,都有非同小可的意义。

教材中要求认识的字,只要求认识,即在课文中认识,换个地方、换个语言环境还认识,大体知道意思。不要求具体分析字形,不要求书写,这些任务留待安排书写时完成。这就使认字的任务变得单纯,降低了要求,减轻了学生的学习负担。教材中要求写的字,体现了写字的规律,按照由少到多、由易到难、由简单到复杂、由独体到合体的顺序来编排。这样量少易写,受到师生的欢迎,既能激发学生写字的兴趣,又能提高写字的质量,还有利于学生养成良好的写字姿势和写字习惯。

最后,利用汉字特点,遵循识字规律,采取多种方法识字。在长期的教学实践中,教师们创造出了多种多样的识字方法,如集中识字、分散识字、随文识字、韵语识字、转转盘识字、归类识字、注意识字、谜语识字、图画识字、生活识字、游戏识字、环境识字、情境识字、计算机辅助识字等。这些识字方法都积累了许多宝贵的经验,我们应博采众长,灵活运用多种识字方法组织教学,不应囿于一种方法。

第二节　　单元教学内容与课时教学内容的选择

一、何为识字写字的教学内容

教学内容是指为实现教学目标,要求学习者系统学习的知识、技能和行为经验的总和。我们分析教学内容是为了规定教学内容的范围、深度及教学内容各部分的联系,回答"学什么"的问题。教学内容的选择与整合不仅是为了提高教师的教学效率,更重要的是便于学生自主、生动、活泼地学习。真正有效的课堂,教师都会在课前认真钻研教材,把握教材意图,对教材有一个深度、全面、系统的解读。

二、选择与整合识字与写字教学内容时应考虑的因素

识字与写字教学内容的选择与整合、编排与设计充分考虑到小学生的心理认知规律,考虑到字词本身的特点,当然,生字的编排是一项系统性很强的工作。因为语言是一个系统,那么,作为记录语言的书面符号——文字,也必须具有很强的系统性。任何一本教材在对生词的编排上,都遵循了这样一些基本原则:

一是尽量先安排高频字和覆盖率高的字,以利于识字的巩固和日后的读写实践活动;

二是尽量先安排常见的偏旁部首及构字能力强的基本字;

三是尽量先安排笔画较少、比较简单的字,后安排笔画较多、比较复杂的字。

　　教师可以在单元教学内容与课时教学内容的选择与整合上进行自主发挥,鼓励教师对教材做出合理、适度的加工与改造。教师在进行教学设计时,可以进行如下几个方面的考虑:

　　首先,厘清教材中各个内容的编排体系。例如,某些生字的识写可以放在某个单元、某个学段甚至整个知识体系中去审视。每个小单元课文中出现的生字、生词,根据阅读的需要,围绕阅读的要求,来确定每次集中识字的数量和形式。把每个小单元课文中的生字集中起来,加入适当新字,按同音字、会意字、形声字、基本字带字等多种方式,进行同类相聚,分类排比的归类组合,使每个小单元的教材成为由集中识字、阅读课文两部分组成的统一体。

　　其次,体会教材中蕴含的教学理念。新教材是课改理念的文本体现和载体,需要每一位教师去认真研读、感悟、领会教材,了解教材的基本精神和编写意图,把握教材所提供的教学活动的基本线索,分析教材所渗透的教学思想、方法,体会新教材中蕴含的教学理念,才能实现有效的课堂教学。如有些教材专门安排“识字”课文,其主要目的是让学生比较集中地识一批字,并揭示汉字的造字规律,激发学生学习汉字的兴趣,从而提高识字教学的效率。

　　最后,用好、用活、用实教材。教材内容并不等于教学内容,教材是教学的重要课程资源,但不是唯一的。新的教材观强调要按照学生的情况进行教学,而不是完全拘泥于教材,对教材要科学地使用或“再度开发”,要用好、用活、用实教材。用好,就是基于教材但又不完全拘泥于教材,能根据学生的实际,考虑学生的知识背景,或根据教学的需要,或针对教材中的一些不足之处,对教材进行改进和补充,化难为易,以简驭繁,使之更好地为教学、为学生服务。用活,体现在解放思想、勇于创新,大胆对教材进行“再加工、再创造”上。用实,就是使教材更加切合本地实际和学生实际,提高课堂教学的有效性,使学生学得主动、扎实,富有成效。

　　在识字写字教学的编排上,不同版本的教材有其自身的特点,但都呈现这样几个共同的取向。第一,在识字方法上。现在的识字方法不再是一种单一的模式,而是既有集中识字,又随课文识字,同时也有"字族文"识字、注音识字的这样一些综合。第二,这些教材都吸纳了语文课程标准的一个观点,识写分开,多认少写,让孩子多识一些,以便于他们尽早地进入阅读状态。少写一点是因为孩子开始学汉字的时候,手的发育不是很健全,这样做是为了让他们能写好一些。第三,所有的教材都非常重视写字教学。在教材的编排当中,写字教学的成分安排得很重。如人民教育出版社的教材和苏教版的教材的后面,都有描红仿影的要求,都有写字习惯的要求。第四,在教材的编排上都不约而同地在拼音和识字这两个部分的编写方式上采取了双线并进的办法,也就是说,在学拼音的同时,还要学习一些汉字。

第三节　课堂教学思路与教导活动设计

一、识字教学

1. 识字教学的步骤与环节

综观各版本小学语文教材,识字教学内容的编排主要有两种形式:一是学"识字课文"识字,二是随课文识字。识字课文是编者借鉴传统语文教育经验和多种识字方法精心编写的教材。教学这部分教材内容的一般步骤包括:复习检查,教学生字,巩固练习,布置作业等。其中教学生识字这一步骤,一般情况下安排看情境图、听说、拼音、识字和诵读五个教学环节。

随课文识字要安排好以下几个环节:

一是出示生字。一般有集中出示生字和分散出示生字两种形式。采用何种形式出示生字,视识字内容的多少、识字能力的强弱、学习年级的高低而定。

二是音形义教学。生字出示之后,接下来就是字音、字形、字义的教学。分散识字的一般做法是:第一步,初读课文阶段,借助拼音和查字典重点解决字音,初认字形,粗解字义;第二步,讲读课文阶段,在讲读中重点理解字义,巩固字义,再认字形;第三步,总结写练阶段,有重点地讲辨字形,指导书写。

2.识字教学的方法

介绍几种成功的识字方法。

(1)集中识字

集中识字直接承继蒙学识字教育的经验,旨在通过一、二年级快速大量识字,使学生尽早做到能大量阅读,来解决识汉字和学汉语的矛盾。基本做法是一、二年级的四册教材每册都分为几个部分,在每部分中先归类识字,再读若干篇课文,"识字—阅读"不断循环编排。

在归类识字中,基本字带字是最主要的识字方法。如,由基本字"青"带出"清、蜻、情、晴、请、睛";由基本字"方"带出"房、访、放"。这里的基本字,是指在字形相近的一组字中共同含有的能够独立成字的构字部件。而带出的字多为形声字。由于在一组字中形、音、义有一定联系,易学易记易掌握。此外,基本字带字还采用部首带字的形式。如"氵"带出"河、滴、洗、游";"穴"带出"空、窗、穿"。基本字组字,如"禾—火—秋""门—口—问",会意字、反义词归类等也常采用。

总之,集中识字主要依据汉字中占有很大比例的形声字的规律,以字形为中心组织识字。为了使基本字带字顺利进行,在识字起始阶段先学一批构字率高的基本字,打好汉语拼音、笔画笔顺、偏旁部首、间架结构等识字基础,是十分重要的。

(2)分散识字

1958年由江苏南京的斯霞老师实验成功的一种注重音、义联系,以"字不离词、词不离句、句不离文"为主要特征的识字教学方法。它与集中识字以字形为核心不同,强调在具体的语言环境中识字,把生字词放在特定的语言环境中来感知、理解和掌握。

分散识字先教学汉语拼音,采取看图识字等方式教学一些独体字,打好识字基础,而后采取"多读课文多识字"的方法,随课文识字,两年学习课文近 180 篇,识字 2 000 多个。

(3)注音识字

这种识字方法一改集中识字、分散识字力求加快识字速度的做法,旨在从发展语言入手,解决识汉字和学汉语的矛盾,使初入学儿童不至于因为完成繁重的识字任务,而中断了语言的发展。具体地说,以学好汉语拼音并发挥其帮助阅读的功能为前提,以认识汉字于学汉语之中为原则,在儿童未识字或识字不多的情况下,借助汉语拼音,使听、说、读、写同时起步,相互促进,达到发展语言、训练思维和同步识字的目的。

注音识字的局限是:由于汉语拼音功能扩大,汉字的形义关系被淡化,识字量逐步增加后,容易产生错别字。

(4)字族文识字

受传统识字经验和集中识字等经验的启发,在 2 500 个常用字中,总结出一定数量具有派生能力的"母体字","母体字"可以衍生出几乎所有的常用字,称为"子体字"。把用母体字带出的一批批音形相近的合体字,组成一个个"字类""家族",称作"字族"。在 2 500 个常用汉字中,确定母体字 220 个,字族 389 个。而后,以一个字族中的字为主,编写出课文,称作"字族文"。

利用编就的一篇篇字族文来识字,是字族文识字的主要方式。例如,围绕母体字"青"以及衍生的子体字(合体字)"请、清、情、晴、睛",编写了课文《小青蛙》:河水清清天气晴,小小青蛙大眼睛。保护禾苗吃害虫,做了不少好事情。请你保护小青蛙,它是庄稼好哨兵。

(5)字理识字

20 世纪 90 年代初由湖南省岳阳市教育科学研究所贾国均提出的。所谓字理,是指汉字的构字依据和组成规律。字理识字是依据汉字的构字规律,运用汉字形音义的关系进行识字教学的方法,也就是说,通过对象形、指事、会意、形声、转注、假借等造字法的分析,运用直观、联想等手段识记字形,以达到识字的目的。

字理识字的核心是揭示和解析字理,以使学生牢固建立字的形音义之间的联系。其基本方法是启发学生展开想象和联想。字理识字的大体程序是:读准字音,解析字理,识记字形,指导书写。

(6)听读识字

这是由上海师范大学小学语文研究中心吴忠豪主持的一项低年级语文整体教学经验。所谓"听读识字"就是使学生通过听故事、说故事的途径理解并熟悉课文内容和语言,然后根据记忆(或跟随老师,或录音),尝试阅读课文,在阅读活动中和各种生字见面。经过一个阶段多篇课文的阅读,对一个个生字从陌生到逐步熟悉,最后达到识字的目的。简单地说,听读识字的教学就是通过"听故事—说故事—读故事—认汉字"等语言实践活动,帮助不识字或识字量很少的儿童进行自主识字的教学方法。

(7)韵语识字

韵语识字确立"字从文"的观念,遵循"整体输入"原则,借助定位联想,以达到尽早阅读的目的。

其基本教学程序是:认读—理解—背诵—识字—写字—巩固应用。

任何一种识字法都有其可取的一面,同时也可以这么认为,到目前为止,没有一种识字法能很好地解决认识所有汉字的难题。那么,博采众家之长是我们开展识字教学的基本出发点。

二、写字教学

写字是一项十分精细的活动。这种活动的顺利进行,需要眼睛、大脑、双手(手臂、手腕、手指)等器官的高度协调。也就是说,要想把字写得正确、美观,写字者必须有效实现双手"三动":动眼,认真观察;动脑,深入思考;动手,细心操作。其中,动眼是关键,动脑是核心,动手是根本。因此,写字教学只有强化动眼、动脑这个基础,才能保证"动手"的优质和高产。只有让学生的大脑、眼睛和手和谐发展,才能保证学生把字写好。从这方面看,写字教学应指导学生细心观察,让字"入眼";指导学生认真思考,让字"入心";指导学生精心历练,让字"入笔";指导学生用情写字,让字"入格"。

小学写字教学有三种基本形式,即入学后的写字准备教学、识字教学中的写字教学和写字课教学。写字教学的基本方法有以下几种:

1. 培养学生书写的基本技能

要掌握千变万化的书写线条,离不开扎实的基本功。"学好规矩,循序渐进。"写字技巧的学习离不开这条基本原则。如果把一个字看成是一部组合巧妙的"机器"的话,那么,八个基本笔画则是组成"机器"的"零件"。"零件"是否精确,直接关系到"机器"是否能正常运转。为此,写字课中,对规范、漂亮的基本笔画、笔画的变化及汉字部首进行教学是重中之重。

2. 培养学生"读"字的能力

读字,是学习生字的一个重要方法。所说的"读",并非出声去读,而是"观"之意。在写字之前,详观和揣摩字的点画、用笔、结体和神韵等,将它们观之入眼,铭记于心,然后去临习。宋代姜夔在《续书谱》中引用唐太宗的话:"皆须是古人名笔,置于几案,悬之座右,朝夕谛观,思其用笔之理,然后可以临摹。"讲的就是写字前,一定要先读好字,牢牢记住字,才能把字写好。"读"字可以从这三个方面入手:读准字的笔画;读好字的结构;读准字的占格位置。

3. 训练正确的写字姿势

正确的写字姿势是:头正、身直、两臂撑开、两脚平稳。

头正:写字时头应端正,微低。不能左右倾斜,不能左右扭转;下巴略内收,头微前倾,但不能过低;眼睛距离桌面一尺,专心致志,嘴巴闭拢,呼吸自然。

身直:身直的关键是直腰,不能腰弯背弓或左右扭转;身体的重心要落在椅子上;胸距离桌沿一拳,不能靠在桌沿上,靠上则会给胸部造成挤压,时间长了还会感到疲劳,呼吸不畅,对身体没有益处。

　　两臂撑开:两臂齐平,自然展开;左手按书本;两臂距离不可忽宽忽窄,以自然舒适为好,成均匀之势。

　　两脚平稳:两脚自然分开,与肩同宽;小腿与地面垂直,脚掌着地,不要摇腿、跷脚或任意伸缩,更不要将两脚踩在前面桌椅的横棱上。

　　正确的执笔方法是:拇指、食指压住笔,中指从下来托起,最后两指垫在下,笔靠虎口齐用力。就是:捏、托、垫、靠。

　　捏:用拇指和食指的指肚靠指尖处捏住笔杆。食指的第一节不能弯曲。

　　托:用中指的指甲上端左侧与肉相连处从内向外托住笔杆。写字时,这儿最为吃力。写字多时会压出小坑,甚至磨出茧来。这儿不用力,笔就抓不牢,运笔也就不流畅。

　　垫:小臂、手腕和小指落放在桌上,无名指和小指轻轻垫在中指下,保证运笔灵活。

　　靠:笔杆向右后方倾斜,靠在虎口食指指关节的位置上。

　　注意:执笔不可过于用力,否则影响运笔的灵活性,也易产生疲劳;执笔不可过低,手指距离笔端约3.3厘米(一寸)为宜。执笔太低会影响运笔,还会挡住视线,造成头歪的毛病。

　　学生正处于生长发育的关键时期,以正确的坐姿和握笔姿势书写,不仅有利于书写的规范,也有利于学生的健康成长。

　　4. 注意识字写字的有机结合

　　俗话说:"眼看千遍,不如手写一遍。"的确,手写在学习过程中有着举足轻重的地位。但一味地强调手写而贬低"看""思"的作用也是不可取的。心理学研究证明,学习是学习者调动眼、耳、口、脑、手多种身体器官来认识新事物、掌握新知识的过程。在这个过程中,眼、耳、口、脑、手都有其独特的作用,只有这些器官协同活动,才能取得最佳的学习效果。

识字、写字也是一个学习过程,这个过程安排得合理,字就能记得快、记得牢。反之,就是写上很多遍,效果也未必好。因此,识字、写字教学必须有机结合起来,重视学习过程的优化。

第四节　课堂学生识字写字活动的设计

心理学研究证明,学习是学习者调动眼、耳、口、脑、手多种身体器官来认识新事物、掌握新知识的过程。在这个过程中,眼、耳、口、脑、手都有其独特的作用,只有这些器官协同活动,才能取得最佳的学习效果。识字、写字也是一个学习过程,这个过程安排得合理,字就能记得快、记得牢,取得事半功倍的效果。反之,就是写上很多遍也未必有用。我们往往会发现,字掌握得好、写得漂亮的,往往是那些学习态度好、对语文兴趣浓、课堂上特别活跃的学生。这些学生的共同点是会观察、会评论。一个新字出现,他们能够比较准确地看清字的笔画、结构以及各部分的位置,并能较流利地说出记字方法。这样,他们能够在较短的时间内使生字在头脑中留下深刻的印象,保持长时间不忘记。而有些学生不参与这个学习过程,只靠一遍一遍地机械抄写来强化记忆,即使当时记住了,过不了几天又会忘记。因此,识字、写字教学必须重视学习过程的优化。

一、识字活动设计

识字是语文基础能力之一,识字教学主要是培养学生的识字能力,使学生能够根据汉字本身的规律特点,举一反三,学会识字,爱好识字。教会学生掌握一定数量的汉字,培养学生的识字能力,是小学语文教学的重要任务之一。小学生爱玩、好动,做事没有耐心,注意力很难长时间集中,根据这些特点,举行各种识字活动,让学生在活动中乐于识字,学会识字。

如何才能提高识字效率呢? 在识字活动的设计上,不少老师利用各种途径,采用各种方法及多种识字渠道,让学生首先乐于识字。如有的老师就通过图画导入、听音导入、看录像导入等各种导入形式来激发学生的学习兴趣;有些老师抓住学生的心理特征,让他们轻松识字,如借助色彩,借助电教媒体剪辑、组合,借助顺口溜,借助动作、实验演示等;还有些老师教给学生各种学习方法,让学生学会学习,如直观演示识字、动作体验识字、编儿歌辨字形、游戏识字、猜谜语识字、添减笔画识字、拆字法识字、联系句意填空识字、交换生字的前后位置进行组词,理解识字等等。这些都为我们提供了宝贵的经验。

1. 鼓励学生采用个性化的识字方法,独立进行识字

孩子天性好奇、好胜,富有个性化的问题更能引起孩子的兴趣。老师可设计一些求异问题,如:你怎样去记这个字? 你有不同的识记方法吗? 你还有更好的识记方法吗? 这些求异问题,打开了学生思维的闸门,富有个性的识记方法层出不穷,如有位学生记"办法"的"办",别出心裁,他把两手一摊,说:"怎么办呢? 我的两只手就是'办'字的两点。"在学生独立识字的过程中,既交流了识字方法,也培养了学生独立识字的能力。

2. 按构字规律识字

汉字是一种表意文字。无论是象形字、指事字、会意字还是形声字,都有其自身的构字规律。教师在教学中要充分利用汉字的构字特点,引导学生主动识字,如一年级下册《识字4》,韵文中12个生字都是形声字:蜻蜓、蝴蝶、蚯蚓、蝌蚪、蜘蛛。教材的编写意图就在于根据形声字的构字特点,引导学生自主识字。

3. 在游戏中识字

爱玩好动是孩子的天性,注意力难以保持是其年龄特点。只有尊重孩子的天性,让孩子在玩儿中学习,在快乐中学习,才能收到理想的效果。因此,教学中要创设学生主动参与的教学情境,激发学生的积极性,让学生主动识字,体验识字的乐趣。例如,一位教师在上一年级下册《松鼠和松果》时,把各种动物的头像戴在学生的头上,扮成小动物,并

模仿动物的声音作自我介绍,教师扮成鸽子姐姐。教师说:"今天,我们要到大森林去看望松鼠弟弟,快坐上火车出发吧。"在隆隆的火车声中师生出发了。学生的学习兴趣被调动起来,教师又告知只有完成了本课的识字任务,火车才能顺利到达目的地。于是,学生按分好的小组合作学习生字,交流识字方法,互相帮助,在浓浓的兴趣中学生愉快地识记了生字。

4. 在生活中识字

生活是学习语文的大课堂。学生生活在多彩的世界中,随处可见的汉字为学生营造了一个良好的识字环境。教师要采用多种渠道,鼓励学生在课外尽可能多地识字,如上学路上的广告牌,每天看的电视,看的课外书籍等,都是学生识字的好教材。教师要鼓励学生做识字的有心人,不断积累、收集,扩大识字量。同时也要给学生提供交流、展示的舞台。如一年级下册《识字6》一课,要求会认的生字中有个"舰"字,一位学生说:"我这样记'舰'字,舟字旁加上'再见'的'见',就是'军舰'的'舰'。"老师紧接着追问:"'舟'字我们没有学过,你是怎么认识的?"学生说:"我是从公共汽车上的路牌中认识这个字的,路牌上写着:舟水桥至火车站,我就认识了'舟'字。"老师及时鼓励学生,说他是个学习的有心人。这种课内识字和课外识字相结合,给学生提供了两条识字的途径。殊途同归,目的就是多识字,早阅读。

二、写字活动设计

认识写字的意义十分必要。通过写字教学,可以培养学生的观察能力、分析能力、表达能力;通过写字教学,可以促进学生养成细致、专注、沉着、持久的学习品质;通过写字教学,还可以培养学生的审美情趣;通过写字教学,有利于发展学生的健康个性,培养他们的创新精神。

首先,写字是传承文化的一条有效途径。写字的过程是体会和认识民族文化的过程,在这个过程中能够增强学生对祖国语言文字的热爱和对中华民族文化的理解。汉字作为一种文化符号,是一种有生命的符号,蕴含着智慧和文明,蕴含着图画和节奏,蕴含着做人的道理,而这些人文的东西的传达,也是蕴含在老师和学生个体一笔一画的训练中的,蕴含在老师和学生的交流中的。老师是活的文化载体,老师认认真真、一笔一画的演示,是一种写字态度的演示与传达;学生也是一种文化载体,通过学习写字,把这种带有文化性的东西接受过来,表达出来。

其次,写字能益智,使智力得到很好的发展。书写是一种手脑并用的动作技能,写字时,视觉分析器与运动分析器会联系协调起来,长期书写汉字时的手指运动对脑的智力发展有很大的促进作用。另外,汉字构字有一定的规律性,要把字写规范端正,必须通过观察、比较、辨析、联想、想象、动脑、动手等活动,反复地认字、写字,才能把字写好,在写好汉字的过程中,学生的智力会获得较好的发展。

再次,写字也有利于培养良好的心理素质。写字可以使人细心,容易集中意志。写字是一项十分精细的活动。要想把字写好,就得全神贯注,凝神静气,仔细观察字的结构,揣摩笔画的呼应、避让、穿插,并要脑眼手相应,准确控制运笔的轻重徐疾。这样久而久之,就能潜移默化地改变一个人的心理素质,养成沉着、镇静的习惯。学生通过写字养成的细心、沉着、注意力集中等心理素质,又能对学习其他课程产生良好的影响。

最后,写字可以陶冶学生的性情,培养审美能力。"与其他任何一种文字的书写相比较,汉字的书写无疑具有最多的讲究,因而也是最需花费心智的一种活动。与此相应,在世界各民族文字之林中,唯有汉字的书写才能形成人类最伟大的艺术门类之一——书法。"语文课标对此也有正确的认识,在表述识字与写字的目标时,提出要让学生"喜欢学习汉字,有主动识字的愿望",并能"初步感受汉字的形体美",这样的目标与原来仅仅注重识字与写字的知识、技能的目标不同,更注重培养学生对汉字和汉字学习的态度与情感。

因而,写字教学活动的设计也是我们不容忽视的。有研究显示,低年级老师在书写指导的时候过于粗糙,对于一个字的关键处、细微处没有指导到位。学生一旦形成首因效应,就很难再改变写字手法了;学生在写字的时候多数重在速度快慢、对错与否,没有注意汉字的间架结构、笔画之间的关系,即没有注意字的细微之处要写好。于是,有部分学生的书写就不规范,有部分学生就只能把字写出来、写正确,而无法做到写工整甚至写美观了。因而,教师在写字教学活动的设计上要把握这样几点:首先,写好笔画,抓住要点;其次,分析结构,抓好起笔;再次,对照笔画,抓住关键;最后,观察中空,摆正笔画。如何才能提高写字素养呢?

1. 营造氛围,激发学生强烈的写字欲望

营造良好的写字教学氛围,让师生自觉能动地投入其中,游弋于写字教学的美妙海洋,乐此不疲,益智增思。开展课内指导与课外练习相结合,以练为主;语文课写字教学要求与各科教学要求相结合,不分主次;习字册书写与各科作业相结合,做到"提笔即是练字时";教师水平提高与学生提高相结合,师生同练相结合的原则。这些原则强调以课堂教学为主阵地,以学校为主战场,多渠道、多层次开展训练,齐抓共管,多管齐下,创设了写字教学的良好氛围,切实做到重指导、重训练、重提高、重普及、重实效,力避形式化、教条化、虚空化。

2. 规范训练,落实考核,形成良性发展

为了实现这个目标,教师首先要悉心指导,培养良好的写字习惯,将教师示范与检查指导相结合,力求持之以恒,真正使"头正、肩平、背直、足稳"八字要求落实到学生写字的每一时、每一处;其次是保证训练,形成制度,低年级以铅笔字为主,中高年级以钢笔字、毛笔字为主,使写字训练有时间保证,才能夯实学生的写字基础;同时在考核方面,采用多种考核方式,充分挖掘少部分学生的写字禀赋,张扬其特长,让"小荷露出尖尖角",培养写字特长生。

3. 加强研究,丰富活动,推动写字教学长足发展

写字教学是一门学问、一项技能,我们要潜心研究,提高写字教学的

效率,同时为陶冶学生的情操,培养学生浓厚的写字兴趣,开展一系列形式多样、内容丰富、新颖别致的写字教育教学活动,开展一些益智增技的作业展评、书法竞赛等活动,充分利用写字展板、展览室、黑板报等宣传阵地,推波助澜,锦上添花,让师生真正能在活动中受益。

我们要将识字写字教学相结合,在识字写字活动的设计上,每位老师发掘自己的聪明才智,让学生乐于学习,善于学习。其一,"眼看"与"手写"结合,重视观察过程。学会观察田字格中的范字,学会对比观察,能自己区分形近字的细微差别,仔细观察教师的范写,仔细观察同学的书写,学会评价。其二,"脑思"与"手写"相结合,重视思维过程。用心识记单个汉字,积极进行规律性总结。其三,"口说"与"手写"相结合,重视表达过程。通过说字形、说写法、评价等,让学生在活动中能认、会读、会写。

参考文献

[1] 陈佑清. 教学论新编[M]. 北京:人民教育出版社,2011.

[2] 杜时忠. 科学教育与人文教育[M]. 武汉:华中师范大学出版社,1998.

[3] 杜士珍,汪金山. 现代教育技术学基础[M]. 武汉:华中师范大学出版社,2000.

[4] 高文. 教学模式论[M]. 上海:上海教育出版社,2002.

[5] 郭元祥. 生活与教育[M]. 武汉:华中师范大学出版社,2002.

[6] 何克抗,郑永柏,谢幼如. 教学系统设计[M]. 北京:北京师范大学出版社,2002.

[7] 李定仁,徐继存. 教学论研究二十年[M]. 北京:人民教育出版社,2001.

[8] 皮连生. 教学设计:心理学的理论与技术[M]. 北京:高等教育出版社,2000.

[9] 盛群力,李志强. 现代教学设计论[M]. 杭州:浙江教育出版社.1998.

[10] 施良方. 课程理论[M]. 北京:教育科学出版社,1996.

[11] 涂艳国. 教育评价[M]. 北京:高等教育出版社,2007.

[12] 涂艳国. 中国儿童教育 30 年(1978—2008)[M]. 长沙:湖南师范大学出版社,2009.

[13] 王策三. 教学论稿[M]. 北京:人民教育出版社,1985.